진리를 찾아

진리를 찾아

초판 1쇄 발행   2025년 9월 29일

지은이   유영춘
펴낸이   김진우
펴낸곳   생명나무
전화   02) 977-2780
팩스   02) 977-2780
등록일   2016. 10. 20.
등록번호   318-93-00280
주소   서울특별시 노원구 수락산로(상계동) 258, 502호
홈페이지   www.rcw.kr

총판   (주)비전북출판유통
           경기도 고양시 일산서구 덕이동 1347-7
           전화: 031) 907-3927
           팩스: 031) 905-3297

디자인   토라디자인(010-9492-3951)

ISBN   979-11-985650-7-5   03230
가격   15,000원

생명나무 출판사는
위대한 종교개혁의 정신을 계승하고, 개혁신앙의 유산을 이 시대에 적용하고 확산시키며 후손들에게 상속하기 위해 설립되었습니다. 이러한 거룩한 도전과 모험을 통해서 주께서 영광을 받으시고 주의 백성들이 새롭게 되며, 교회가 참된 권능을 회복하도록 최선을 다하겠습니다.

진리를 찾아

예수께서
자기를 믿은 유대인들에게 이르시되
너희가 내 말에 거하면
참 내 제자가 되고
진리를 알지니
진리가 너희를 자유케 하리라

요한복음 8:31-32

여는 글

　3천 년 전 이스라엘 왕국 초기에 지혜의 대명사이며, 모든 부귀영화를 누렸던 솔로몬 왕이 있었습니다. 솔로몬은 아버지 다윗 왕이 세우고 평정했던 나라를 이어받아 40년 동안 외침의 침입도 없이 태평세월 권력을 누렸습니다. 그는 신학, 철학, 문학, 법학, 음악, 생물학에 뛰어난 석학이었으며, 정치, 경제, 무역에도 지혜와 경륜이 깊고 높은 왕이었습니다. 그의 재판은 3천 년이 지난 오늘날도 유명합니다.

　솔로몬 왕과 그의 식솔들의 하루 식사는 밀가루 90

석, 소 30마리, 양 1백 마리, 새, 사슴 등 호화로운 진미를 먹고 마셨습니다. 그는 화려한 왕궁에서 후비 7백 명, 궁녀 3백 명 여인들의 사랑을 받았습니다. 인류 거의 모든 사람이 사람이 솔로몬이 누린 명예, 권력, 학문, 부귀, 사랑 가운데 하나만이라도 얻기 위해 인생 전체를 걸고 땀을 흘리고 노력합니다.

솔로몬은 그렇게 살아온 인생을 돌아보며 쓴 회고록 〈전도서〉에서 지혜, 학문, 명예, 사랑, 의, 식, 주, 희, 술, 노동, 죽음, 근심, 슬픔, 가난 … 등 모든 인생사(人生事)의 의미와 정체를 분석한 후, "헛되고 헛되며 헛되고 헛되니 모든 것이 헛되도다. 내가 해 아래에서 행하는 모든 일을 본즉 다 헛되어 바람을 잡으려는 것이로다."라며 마지막 12장에서 "너는 청년의 때에 곧고(困苦)한 날이 이르기 전, 나는 아무 낙이 없다고 할, 해(歲)가 가깝기 전에 너의 창조자를 기억하라… 일의 결국을 다 들었으니 하나님을 경외하고 그의 명령을 지킬지어다. 이것이 사람의 본분이니라. 하나님은 모든 행위와 모든 은밀한 일을 선악 간에 심판하시리라." 라는 결론으로 전도서를 마칩니다.

그렇습니다. 하나님을 떠나 하나님 없이 산 인생은 헛될 뿐입니다. 헛된 인생을 마치면 그것이 끝이 아니라 하나님의 무서운 심판이 기다립니다. 이 지구상에서 숨을 쉬었던 모든 사람은 하나님의 심판을 피할 수 없습니다. 그 무서운 심판으로 받을 형벌을 피할 수 있는 유일한 길이 있습니다. "나는 선한 목자라. 나는 양을 위하여 목숨을 버리노라."하며 십자가에서 우리(¥)가 받아야 할 심판, 지옥 형벌을 대신 받으신 예수를 믿는 것입니다. 하나님께서 마련하신 구원의 길입니다.

이 책 〈진리를 찾아〉는 하나님을 모르고 허망한 인생을 살다가 허무하게 인생을 마감하는 사람들, 무서운 심판이 기다리는 것을 모르는 사람들에게 드리려고 합니다.

이 책이 기독교를 전혀 모르던 사람들, 교회에 처음

발을 디딘 사람들에게 길라잡이가 되기를 바랍니다. 오랜 세월 교회를 다녔으나 구원의 확신이 희미한 분이나, 타성적이거나, 종교적인 사람들에게, 그릇된 교리에 오염된 사람들에게 정로(正路)를 제시 할 수 있기를 바랍니다. 또한 인본주의 목회자와 신학자들이, 자기를 하나님의 말씀에 비추어 보는 거울로 쓰이기를 바랍니다. 특히 다원주의가 만연한 이 세대에 바른 기독론을 가질 수 있도록 도움이 되면 좋겠습니다. 하늘에 계신 선한 목자 예수 그리스도께서 이 책을 쓰시어 구원의 은혜를 베푸시기를 기도합니다.

이 책 〈진리를 찾아〉는 교회 역사에서 정리된 정통 교리에 기준을 두고 기독교의 기초를 하나님의 말씀, 성경에 비추어 다듬었습니다. 칼빈신학교 3년, 연세대학교 연합신학대학원에서(8년간 매 학기 1과목 청강) 신학을 공부했으나, 필자의 신앙과 신학의 뿌리와 기둥은 IRC 강변교회에서 성경을 깊고 넓게 가르치신 김홍전 목사님과 최낙재 목사님의 가르침입니다. 두 분 목사님의 큰 가르침을 충분하게 나타내지 못하고 적고, 작게 나타낼 수밖에 없는 필자의 천학(淺學)이 부끄럽고 죄송할 뿐입니다.

2007년 초판을 발행하여 최낙재 목사님께 드렸습니다. 2007년 당시 최낙재 목사님은 산소호흡기를 차고 생활하실 정도로 건강이 안 좋았습니다. 그렇게 건강이 안 좋으신 목사님께서 졸저(拙著) 220쪽을 독파(讀破)하면서 단어, 구절, 부호 하나하나를 교정하여 주셨습니다. 어느 부분은 단호하게 고치라 하셨고, 어느 부분은 학점을 주듯 "A"표시를 해주셨습니다. 하나님의 백성을 사랑하셨기 때문이었습니다.

재판의 원고는 나의 사랑하는 외손자 이정훈 선생이 초년 교사로 바쁘고 몸이 쇠약한 가운데서도 오자가 거의 없을 정도로 성실하게 작업을 하여 주었습니다.

초판 책 제목은 〈선한 목자 예수 그리스도〉였는데 제목을 바꾸면 좋겠다는 의견이 있어 스물 다섯 분, 집단지성(목사, 교수, 교사, 출판인, 작가, 건축가, 약사, 기업인, 장로, 집사, 주부, 학생 등)에게 자문을 구하여 책 제목을 〈진리를 찾아〉로 결정하였습니다.

졸저 〈진리를 찾아〉 출판을 기꺼이 받아주신 노천상 목사님, 유난히 무더운 올 여름 편집을 해주신 김진우 집사님께 감사합니다.

2025년 더운 여름날

유영춘

여는 글	4

기독교 개관 ... 15
    창조주 하나님 ... 17
    아담과 하와의 원죄 ... 18
    하나님의 구원 ... 19
    이스라엘 - 선민 역사 ... 19
    예수 그리스도의 십자가 구원 ... 20
    하나님 나라의 증거 - 교회 ... 21
    인류역사의 끝 - 심판 ... 22

창조주 하나님 ... 25
    1. 창조주 하나님을 어떻게 알 수 있는가 ... 27
    2. 하나님의 존재 ... 30
    3. 하나님의 섭리 ... 33
    4. 하나님의 속성 ... 36
    5. 하나님의 나라 (Kingdom of God) ... 40

하나님의 말씀 - 성경   49
    1. 성경은 하나님의 말씀이다   51
    2. 성경의 중심 예수 그리스도   54
    3. 성경의 분류   56
    4. 성경의 개관 – God's Stream & Human Stream   60
    5. 예수 그리스도의 오심   81

하나님과 사람   83
    1. 하나님께서 사람에게 주신 복   85
    2. 하나님의 명령 - 언약   88
    3. 하나님의 명령을 어김   89
    4. 원죄   90
    5. 원죄의 결과   91
    6. 하나님을 떠난 죄   92

그리스도 예수   103
    1. 예수 그리스도는 누구인가?   105
    2. 예수님의 생애   107
    3. 예수님의 가르침   109
    4. 예수 그리스도의 구원   112
    5. 왕중왕 예수 그리스도   126

교회   129

   1. 교회에 대하여   131

   2. 예배   136

   3. 성례   145

   4. 권징   148

   5. 성도의 교제   149

교회의 역사   151

   1. 예루살렘에 교회가 서다   154

   2. 이방 선교 시작되다   155

   3. 로마의 국교가 된 기독교   159

   4. 종교개혁   161

   5. 종교개혁 이후 유럽의 기독교   163

   6. 영국 교회와 청교도   165

   7. 청교도들의 신대륙 이주   166

   8. 남북전쟁- 선교에 대한 사명   168

   기독교 역사 개관   169

   은총의 땅   170

   진리가 너희를 자유케 하리라   172

기독교인의 생활   175

    신앙인의 생활   177

    1. 신앙인의 목표는 하나님을 영화롭게 하는 것이다   178

    2. 생활의 기준   179

기독교 용어 정리   190

루터의 95개조   201

기독교는
그리스도 예수를 믿는 종교입니다.

그리스도 예수는
하나님이 사람의 몸을 입고 땅에 오시어
십자가에서 그의 백성들이 받게 될 형벌을 대신 받음으로
하나님과 사람을 화해시킨 구주입니다.

그리스도를 믿는다는 것은
예수의 십자가 구원을 믿고 그의 가르침을 따르는 것입니다.

| 기독교 개관 |

하나님이
세상을
이처럼 사랑하사
독생자를 주셨으니
이는
저를 믿는 자마다
멸망치 않고
영생을 얻게 하려 하심이니라

요한복음 3:16

기독교 개관

... 창조주 하나님

창조주 하나님은 스스로 존재하시는 유일한 신입니다.
하나님은 온 우주와 만물과 만사를 지으시고, 만드신 모든 존재를 다스리고 섭리하십니다.
하나님은 특별히 사람을 하나님의 형상대로 만드시고 하나님께서 창조하신 모든 것을 다스리게 하셨습니다.
첫 사람 아담에게 "생육하고 번성하여 땅에 충만하라 땅을 정복하라 바다의 고기와 공중의 새와 땅에 움직이는 모든 생물을 다스리라"는 복을 주셨습니다. 창조주와 피조물인 사람의 관계와 질서를 세우시고 더욱 영광스러운 위치에 이르게 하기 위하여 사람과 언약을 하셨습니다. 그 언약은 "선악을 알게 하는 나무의 실과는 먹지 말라 먹는 날에는 정녕 죽으리라"는 단순한 것이었습니다.

　하나님께서 세우신 언약을 지키면 생명나무의 실과를 먹고 영생할 것이며 하나님의 영광 가운데 들어가는 것이었습니다. 그러나 먹는 날에는 죽는 것이었습니다.

... 아담과 하와의 원죄

　첫 사람 아담은 하나님과의 언약을 어기고 선악을 알게 하는 나무의 실과를 먹었습니다. 사탄의 꾐에 속아 하나님과 같이 되려는 허망한 욕심으로 하나님의 명령을 어긴 것입니다.

　그 결과 사람은 하나님과 멀어지게 되었고, 죄와 악이 들어와 결국 죽게 되었습니다. 사람은 죽으라고 지은 것이 아니었습니다. 언약을 지켜 영생하도록 창조하신 것이었습니다.

　그러나 첫 사람 아담의 후예인 모든 사람은 모두 죄 중에 태어나 이 세상에서 사는 동안 죄와 악 가운데서 비참하게 살다가 죽게 되었습니다. 또한 죽음으로 끝나지 않고 하나님의 무서운 심판과 형벌을 기다리는 죄인이 된 것입니다.

... 하나님의 구원

하나님께서는 사람을 버리지 않으시고 죄와 사망에서 구원할 길을 마련하셨습니다. 아담과 하와에게 가죽옷을 지어 입혔습니다. 신학에서는 이 사실을 하나님의 구원, 예수 그리스도를 예표한다고 합니다.

역사의 진행 가운데 하나님의 구원의 경륜은 구체화되었습니다. 에녹은 죽지 않고 하나님께로 갔으며, 노아 홍수 때는 노아 가족을 구원하시면서 마지막 심판 때까지 다시는 물로 심판하지 않겠다고 약속하시며 복을 주셨습니다. 그 후 아브라함을 통하여 천하 만민을 구원하시겠다는 언약을 하셨습니다.

... 이스라엘 - 선민 역사

하나님께서 지금으로부터 약 4천년 전 메소포타미아 지역 갈대아 우르에 살던 아브라함을 택하여 구원의 역사를 펴기 시작하셨습니다. 하나님께서는 아브라함에게 사람들의 문화가 번성한 도시 갈대아 우르를 떠나 가나안 땅으로 이주하도록 하셨습니다. 팔레스타인으로 이주한 아브라함의 후손 이삭, 야곱, 요셉, 모세, 다윗 등을 쓰셔서 이스라엘이라는 나라를 세우도록 하셨습니다. 하나님께서 이스라엘을 특별히 선택하심은 하나님의 법을 주시고 친히 통치하심으로써 하나님 나라를 세계 만방에 선양하려는 구원의 경륜이었습니다.

사람들은 흔히 '기독교는 이스라엘의 유대교에서 파생된 종교이며, 서양 종교인데 왜 우리가 믿어야 하는가?' 라는 질문을 합니다. 기독교는 유대교에서 파생된 것도 아니고, 서양 종교도 아닙니다.

하나님께서는 구원의 경륜을 펴시기 위하여 인류역사 가운데 이스라엘을 선택하셨고, 그 이스라엘로 하여금 하나님을 세계 만방에 선양하게 하여 모든 인류가 하나님을 찾고 섬기기를 바라신 것입니다. 하나님의 구원의 경륜입니다. 왜 대한민국을 선택하지 않으셨는가? 왜 모든 민족에게 구원의 경륜을 펴시지 않으셨는가? 라고 질문하거나 항의할 수 없습니다. 사람은 그러한 질문이나 항의할 자격이나 위치에 있지 아니합니다. 오직 천지를 지으시고 섭리하시는 하나님의 지혜요 전적 주권입니다.

... 예수 그리스도의 십자가 구원

이스라엘 2천 년 선민 역사의 끝에 예수께서 메시야(그리스도)로 오셨습니다. 하나님께서 인류를 죄와 사망에서 건져 내시기 위하여 하나님의 독생자 예수를 사람들이 사는 땅에 보내신 것입니다.

하나님이시며 사람이신(神人) 예수께서 십자가에서 그의 백성들이 받아야 할 형벌을 대신 받으심으로써 구원을 완성하셨습니다. 신학에서는 이를 대속죄(代贖罪)라고 합니다. 십자가 대속으로 구원을 완성하신 것은 하나님께서 정한 구원의 경륜이며 전적 주권이므로 사람은 죄를 고백하고 그리스도의 대속을 믿고 하나님께 감사하여야 할 뿐입니다.

예수께서 십자가에서 지옥 형벌을 받고 죽어 장사되었다가 사흘 날에 다시 살아나셨습니다. 장차 우리가 얻게 될 부활을 확증하신 것입니다. 부활 후 40일을 제자들과 지내시다 "오직 성령이 너희에게 임하시면 너희가 권능을 받고 예루살렘과 온 유대와 사마리아와 땅 끝까지 이르러 내 증인이 되리라(행 1:8)"는 큰 사명을 주시고 제자들이 보는 데서 하늘로 올라가셨습니다.

... 하나님 나라의 증거 - 교회

예수께서는 하늘로 오르신 후 성령을 보내시어 교회를 세우게 하시고 믿는 자를 교회로 부르셔서 신앙 공동체를 이루게 하십니다.

교회는 역사의 중심입니다. 구원의 경륜을 이루시기 위하여 교회를 세우고 교회가 그 사명을 수행할 수 있도록 능력을 주시고 이 세상의 죄악을 참으시며 심판을 유보하고 있습니다. 교회는 인류역사가 존속할 때까지 하나님을 경외하며 예수그리스도의 구원을 전하여 하나님 나라를 증시하는 기관입니다.

예수께서는 지금 하나님 오른편에서 우리를 위하여 기도하시며 교회를 세우시고 하나님 나라를 통치하고 계십니다.

예수를 믿는 자에게는 교회에 속하여 천지를 지으시고 다스리시는 창조주 하나님을 섬기며 예수 그리스도의 구원과 사랑을 세상에 전하는 것이 인생의 가장 큰 사명입니다. 이 땅에 사는 동안 하나님의 말씀을 늘 묵상하고 하나님께서 원하시고 기뻐하는 선한 일을 하여 하나님 나라를 세상에 증거하여야 합니다.

... 인류역사의 끝 - 심판

하나님께서는 창조의 목적과 본의에서 벗어난 인류의 역사를 마감하실 것입니다. 불의와 악이 가득한 세상을 심판하실 것입니다.

하나님께서 인류의 역사를 마감하실 때 예수께서 심판의 왕으로 오십니다. 심판의 왕으로 오시어 예수를 믿는 자는 "생명의 부활"로, 믿지 않은 모든 사람은 "심판의 부활"로 심판을 받게 됩니다.

하나님을 섬기지 않고 예수를 믿지 않은 자는 영원한 형벌을 받는 종말을 맞게 될 것이요, 예수를 믿은 자는 영생의 부활로 완전한 구원을 받아 새 하늘 새 땅에서, 하나님의 영광가운데서 영원히 살게 될 것입니다.

인류역사를 마감하실 때 우주와 그 안에 있는 별들도 모두 떨어져 사라질 것입니다.

그 날 환난 후에 즉시 해가 어두어지며 달이 빛을 내지 아니하며 별들이 하늘에서 떨어지며(마태복음 24: 29)

그 날에 하늘이 불에 타서 풀어지고 체질이 뜨거운 불에 녹아지려니와(베드로후서 3:12)

한여름 밤
하늘에 빛나는
별. 별. 별.
우주 그리고 나

인동의 마른가지에 물이 오르는
봄
노랑 빨강 하얀색으로 피어나는
꽃잎
기묘한 손길

세포 하나에 담긴 우주
어떻게
체질 체형 모양 성격 두뇌를
세포 하나에 담을 수 있을까?

| 창조주 하나님 |

태초에 하나님이 천지를 창조하시니라

땅이 혼돈하고 공허하며
흑암이 깊음 위에 있고
하나님의 신은 수면에 운행하시니라

하나님이 가라사대
빛이 있으라 하시매 빛이 있었고
그 빛이 하나님 보시기에 좋았더라

하나님이
빛과 어두움을 나누사
빛을 낮이라 칭하시고
어두움을 밤이라 칭하시니라
저녁이 되며 아침이 되니
이는 첫째 날이니라

창세기 1:1~5

창조주 하나님

1. 창조주 하나님을 어떻게 알 수 있는가

하나님께서는 사람이 하나님을 알 수 있도록 두 가지 방법으로 계시하고 있습니다. 자연계를 통하여 가르쳐 주시는 일반 계시와 성경을 통하여 가르치시는 특별 계시입니다.

1) 자연 계시

사람이 하나님을 안다는 것은 가장 쉬운 일이나 또한 가장 어려운 일입니다. 사람은 하나님을 쉽게 알 수 있습니다. 자연계와 모든 사물을 관찰하면 기기묘묘(奇奇妙妙)합니다. 기묘한 자연계를 바라보면서 바른 지각을 가진 사람이라면 하나님의 오묘한 손길과 섭리를 깨닫게 됩니다. 왜냐하면 사람은 하나님 형상대로 지으셨기 때문에 하나님을 알 수 있는 지각과 하나님의 섭리를 분별하는 이성을 가지고 있습니다. 세상 어느 피조물에게도 주시지 않은 인지 능력과 인식 기능을 사람에게 주셨기 때문입니다.

하나님께서 자신을 계시하여 주셔서 사람이 하나님을 알게 되었습니다. 하나님께서는 충분히 사람에게 하나님을 깨닫고 알 수 있도록 계시하셨고 사람은 하나님을 넉넉히 알 수 있는 충분한 이성을 받았습니다.

그러나 사람이 하나님을 떠나 총명이 어두워져 하나님을 잊어버리고 분별력이 약하여졌기 때문에 하나님을 잘 알지 못하고 하나님이 없다고까지 합니다.

"하나님의 진노가 불의로 진리를 막는 사람들의 모든 경건치 않음과 불의에 대하여 하늘로 좇아 나타나나니 이는 하나님을 알만한 것이 저희 속에 보임이라 하나님께서 이를 저희에게 보이셨느니라 창세로부터 그의 보이지 아니하는 것들 곧 그의 전능하신 능력과 신성 이 그 만드신 만물에 분명히 보여 알게 되나니 그러므로 저희가 핑계치 못할지니라"
〈로마서 1:18~21〉

2) 특별 계시

특별 계시의 정점(頂點)은 예수 그리스도입니다.

예수께서는 "나를 본 자는 이미 아버지를 보았느니라" 하시면서 예수님 당신께서 계시 자체이심을 선언하시고 예수 그리스도의 뜻안에서 계시를 받는 자가 하나님을 알 수 있다고 하였습니다.

> "내 아버지께서 모든것을 내게 주셨으니 아버지 외에는 아들을 아는 자가 없고 아들과 또 아들의 소원대로 계시를 받는 자 외에는 아버지를 아는 자가 없느니라" 〈마태복음 11:27〉

하나님께서는 예수 그리스도 안에서 새 생명을 받은 사람에게 성령의 조명과 가르치심으로 하나님을 믿을 수 있고 알 수 있게 하십니다. 하나님을 알고 믿을 수 있도록 성령께서 특별 계시를 하시는 것입니다. 특별 계시의 수단과 방법으로 성경을 주셨습니다. 하나님을 잘 배우고 알기 위하여 성경을 읽고 배워야 합니다. 성경은 사람을 위하여 사람의 말과 글로 하나님을 계시한 책입니다.

성경 전체에서 '하나님은 누구인가? 어떠한 분인가? 무슨 일을 하시는가? 피조물을 어떻게 섭리하시는가? 특히 사람에게 요구하는 것이 무엇인가? 를 자세히 가르쳐 주고 있습니다.

> "성경은 능히 너로 하여금 그리스도 예수 안에 있는 믿음으로 말미암아 구원에 이르는 지혜가 있게 하느니라" 〈디모데후서 4:15〉

2. 하나님의 존재

1) 하나님은 스스로 존재하신다

하나님은 스스로 존재하는 유일한 신입니다. 사람의 종교나 신화 안에 존재하는 신이 아니며 모든 존재 이전에 선재(先在)하시며 모든 만물[存在,有]을 창조하시고 다스리는 분입니다. 그러므로 하나님은 다른 신을 허용하거나 인정하지 않습니다.

"너는 나 외에는 다른 신들을 네게 있게 말지니라" 〈출애굽기 20:3〉

모세가 하나님께 "하나님의 이름을 무엇이라고 백성들에게 말하리까?" 라고 물었을 때 "나는 스스로 있는 자니라(I am who I am)." 라고 대답하셨습니다.

하나님은 우주 만물이 있기 전에 스스로 존재하시며 우주와 그 안에 있는 모든 것을 창조하셨습니다.

2) 하나님은 하늘에 계시며 무소부재(無所不在)하시다

하나님이 계시는 하늘은 하늘(sky)이라는 공간 개념이 아니며 하나님의 보좌(Heavenly throne)의 개념으로 이해하여야 합니다.

"하늘에 계신 우리 아버지여" 〈마태복음 6:9〉
"여호와의 보좌는 하늘에 있음이여 그 눈이 인생을 통촉하시고 그

안목이 저희를 감찰하시도다" 〈시편 11:4〉

"하늘로 올리신 이 예수는 하늘로 가심을 본 그대로 오시리라"

〈사도행전 1:11〉

하나님은 신이십니다. 창조주 하나님은 시간과 공간 밖에 존재합니다. 즉 무소부재(無所不在)합니다. 하나님은 시간과 공간 밖 그리고 피조물 밖에 계시기 때문에 시간과 공간 안에 존재하는 사람이 하나님의 섭리세계를 잘 알 수 없습니다. 사람은 우주의 극히 작은 일부분만 알 수 있을 뿐입니다. 사람이 인식하고 이해하는 것은 지극히 제한적이며 일부분입니다. 그렇게 제한적이며 작은 범위의 인식 기능과 이해력으로 하나님을 측정하려 하기 때문에 하나님의 존재를 깨닫지 못하거나 없다고 하는 것입니다.

3) 하나님은 삼위일체로 계신다

하나님은 성부(聖父) 성자(聖子) 성령(聖靈) 삼위일체(三位一體)로 계십니다. 삼위 하나님은 각각 사역이 있습니다. 우주와 만물을 지으시고 다스리시는 성부 하나님, 그의 백성을 죄와 사망으로부터 구원하기 위하여 낮은 땅에 오시어 십자가에서 고난을 받으신 성자 예수 그리스도, 성부 성자의 섭리와 구속 사역의 효력을 위하여 일반 섭리와 특별 섭리의 일을 하시는 성령 하나님입니다.

삼위일체론은 매우 신비하며 사람의 지혜를 뛰어넘기 때문에 사람의 언어와 이해력으로는 충분히 설명하기 어려우나 성경의 가르침으로 알 수 있고 삼위 하나님께서 각각 하시는 일의 결과로써 이해할 수 있습니다.

"하나님이 가라사대 우리의 형상을 따라 우리의 모양대로 우리가 사람을 만들고" 〈창세기 1:26〉

사람을 창조하실 때 하나님은 '우리'라는 복수로서 나타내셨습니다.

"태초에 말씀이 계시니라 이 말씀이 하나님과 함께 계셨으니 이 말씀은 곧 하나님이시니라" 〈요한복음 1:1〉

예수께서도 태초에 계셨습니다. 예수님은 이 땅에 내려오신 말씀(로고스)이십니다. 예수님은 성육신하신 말씀으로서 영원한 존재이며 만물보다 선재(先在)하셨습니다.

"태초에 하나님이 천지를 창조하시니라. 땅이 혼돈하고 공허하여 흑암이 깊음 위에 있고 하나님의 신은 수면에 운행하시니라" 〈창세기 1:1~2〉

하나님의 신, 성신(성령)께서 창조시에 함께 하셨습니다.

3. 하나님의 섭리

하나님은 우주와 그 안에 있는 만유(萬有)를 지으시고 만물을 하나님께서 세우신 영광의 목표를 향하여 다스리고 경영하십니다.

하나님의 하시는 일을 섭리라 하는데, 일반 섭리와 특별 섭리가 있습니다.

1) 일반 섭리

하나님은 우주의 질서를 세우고 유지하는 일에서부터 사람의 눈에 보이지 않는 미생물의 생성사멸(生成死滅)까지 모든 것을 친히 경영하십니다. 하나님께서 광대한 우주의 질서를 세우고 섭리하시는 일을 1/1억 초라도 쉬거나 방치하게 되면 우주는 혼돈과 무질서에 빠지게 됩니다. 작은 미생물로부터 우주에 이르기까지 하나님의 섭리로 질서가 유지되고 모든 존재가 유지되는 것입니다.

봄에는 마른 나무에서 새싹이 돋아나고 여름에는 햇볕과 비를 내려 곡식이 자라고 익게 하며 가을과 겨울의 기후를 조절하여 사계의 질서를 세우고 운행하시는 하나님의 손길을 일반섭리라고 합니다.

자연계의 섭리뿐 아니라 인류 역사를 주관하여 사람들의 사회와 그 질서를 유지시키며 사람들의 생사화복(生死禍福)을 주관하십니다. 하나님의 일반 섭리가 없다면 국가나 사회가 유지될 수 없습니다.

2) 특별 섭리

하나님의 일반 섭리 안에 있는 사람들 중에서 은혜로 구원하신 하나님의 백성들을 성령께서 특별히 통치하고 다스리는 것을 특별 섭리라고 합니다.

① **특별 섭리의 역사**

하나님께서는 역사의 진행 가운데 심판도 하시고 특별히 구속사를 펴셨습니다.

노아시대에 노아와 그 가족만 남기고 모든 사람을 지면에서 쓸어 버렸습니다. 노아의 가족을 방주에 살아남게 하신 것은 인류 구원을 예표한 것이며 특별한 은혜를 베푼 것입니다.

4천여년전 아브라함을 택하시어 한 민족을 이루게 하시고 그 나라를 특별히 통치하심으로 세상 만방에 구원의 경륜을 나타내셨습니다. 아브라함의 후손을 쓰셔서 하나님 나라를 나타내도록 하신 것은 특별한 은혜이며 섭리입니다.

죄악이 극에 달한 소돔을 유황불로 심판하시기도 하였습니다.

출애굽 때에 이스라엘을 쫓아오는 애굽의 군대로부터 벗어나게 하기 위하여 홍해를 갈라서 지나게 하신 일, 시내광야에서 40년 동안 매일 만나를 내려주신 일, 시내산에서 돌판에 십계명을 주신 일 등은 특별 섭리입니다.

② 예수님의 십자가 구속

예수께서 성육신하시어 사람이 사는 땅에 오신것도 특별한 섭리입니다. 예수께서 하나님 나라를 보여주기 위하여 이적과 기사를 보여주셨습니다. 병든 자를 고쳐주시고 오병이어(五餠二魚)의 기적도 행하시고 높은 파도를 꾸짖어 잔잔케 하셨습니다. 마침내 십자가에서 예수그리스도의 백성들을 위하여 지옥형벌을 대신 받으셨습니다. 하나님의 특별한 구원의 경륜입니다.

③ 교회를 세우고 다스림

하나님의 특별섭리 가운데 가장 뚜렷한 것은 교회를 세우시고 그 교회에 하나님의 백성들을 부르셔서 하나님의 백성으로 살게 하는 것입니다.

하나님의 말씀 성경을 주셔서 하나님의 뜻을 깨닫고 믿게 합니다.

신앙을 심어주어 영적인 눈을 가지게 되어 하나님을 믿고, 따르고, 사랑하게 하십니다.

이 모든 특별 섭리는 성령께서 하십니다.

믿는 자에게는 특별히 성령께서 임하셔서 성령의 열매를 맺게 하십니다. 사람이 아무리 노력하여도 불가능한 성령의 열매를 맺게 하십니다. 성령의 열매는 사랑, 희락, 화평, 오래 참음, 자비, 양선, 충성, 온유, 절제 … 등 입니다.

4. 하나님의 속성(屬性)

1) 하나님은 거룩하시다
① 거룩하다는 것은 피조물과 구별된다는 것입니다.

하나님은 하나님이시고 피조물은 피조물이기 때문에 구별된 존재입니다. 자연이나 사람들의 역사 안에 존재하는 것이 아니라 시간과 공간 밖에서 시간, 공간 안에 있는 모든 존재를 다스립니다.

흔히 하나님을 모르는 사람들이 "하나님은 내 마음에 있다"고 합니다. 어떻게 천지를 지으시고 온 우주를 다스리는 하나님께서 보잘것 없이 작고 비천한 사람의 마음 속에 있을 수 있겠습니까?

② 거룩하다는 것은 높다는 것입니다.

하나님은 지극히 높으셔서 사람이나 피조물이 가까이 할 수 없습니다. 높은 위치에 있는 세상의 왕들에게도 백성들이 가까이 하기가 어렵고, 그 높은 위엄과 권위 앞에 감히 가까이 하지 못하는 것을 봅니다. 하물며 거룩하신 하나님 앞에 사람들이야 오죽하겠습니까. 천지를 지으신 하나님과 피조물의 차이는 사람의 언어로 표현할 수 없습니다. 특히 아담이 범죄한 이후 죄에 빠져 있는 사람은 하나님이 무서워서 가까이 갈 수도 볼 수도 없습니다.

③ 거룩하다는 것은 깨끗하다는 것입니다.

원래 하나님께서 만드신 세상은 깨끗하고 아름다웠습니다. 그러나 죄로 오염된 사람과 오염된 사람으로 말미암아 더러워진 자연은 깨끗한 하나님을 가까이할 수 없게 되었습니다. 한 점 티없이 깨끗하고 맑은 하나님은 사람의 더러워진 모습을 불쌍히 여기사 예수 그리스도의 피로 씻겨 주셨습니다. 예수의 피로 씻김을 받은 사람만이 하나님을 알 수 있는 눈도 뜨이고 만날 수도 있게 되었습니다.

2) 하나님은 선하시고 의로우시다
① 하나님께서 선하고 의롭다는 것은 죄와 악을 싫어하고 미워한다는 것입니다.

하나님께서는 죄나 악이 조금도 없으며 죄와 악에 오염되거나 침범당하지 않습니다. 죄와 악은 앞에서 살펴본 바와 같이 사람이나 자연계를 비참하게 만들고 있습니다.

하나님께 속한 선과 의로 나타나는 모습과 하나님을 떠나 더러워진 사람이 나타내는 죄와 악의 모습은 우리 생활 주변에서 쉽게 볼 수 있습니다.

선·의		죄·악
사랑, 온유, 평화	↔	미움, 시기, 싸움, 전쟁
정직, 진실	↔	거짓, 사기, 도적질
건강, 부요, 평안	↔	질병, 가난, 기아, 불안
사랑, 아름다움, 절제	↔	음행, 탐욕, 우상숭배
성실, 충성, 만족	↔	술 취함, 방탕, 게으름, 불만

② 하나님께서 인정하시는 선은 흠이나 궐이나 부족이 없이 완전하다는 것입니다. 선이란 하나님의 뜻을 이루는 것입니다. 사람들이 좋다고 여기고 착하다고 하는 것과는 다른 의미입니다.

사람은 부족한 존재여서 목표를 바르고 완전하게 세울 수도 없고 목적을 이루는 수단과 방법도 미흡한 점이 많으나 하나님께서는 완전하고 완벽합니다. 광대한 우주 질서에 아주 작은 0.0000001mm의 오차만 발생해도 우주는 무너지고 말 것입니다. 사람은 하나님께 전적으로 의지하고 자신을 맡길 때 선한 상태가 되며 사람으로서 존재 가치를 바르게 발휘할 수 있습니다. 하나님의 선에 속하여 선을 이루고 선을 행할 수 있습니다. 사람은 전적으로 부패하여 스스로 하나님의 선을 조금도 이룰 수 없으나 오직 성령에 의지하여 하나님의 뜻에 순종하고 따르면 선을 이룰 수 있습니다.

③ 하나님께서 의로우시다는 것은 죄와 악을 싫어하고 미워하실 뿐만 아니라 물리치고 심판하신다는 것입니다.

죄와 악은 하나님 나라에서는 용납될 수가 없습니다. 사람을 위하여 죄와 악을 제거할 뿐만 아니라 절대의의 하나님께서는 죄악을 용납하지 않습니다. 그러므로 하나님 나라는 죄가 없고 죄로 인하여 나타나는 어떠한 악도 없는 나라입니다.

④ 하나님은 절대로 의로운 분입니다.

하나님의 절대의(絕對義) 앞에는 사람의 사소하고 작은 죄라도 숨

길 수 없습니다. 하나님께서 다스리는 나라는 의의 나라입니다. 하나님께서 의로우시기 때문에 그의 백성도 의로워야합니다. 하나님 나라는 죄와 악이 침입할 틈이 없습니다. 의의 기준은 성경을 통하여 계시하셨습니다.

구약에서는 의를 세우고 가르치기 위하여 율법을 주셨고 신약에서는 하나님 나라 백성이 마땅히 품고 행하여야 할 품성과 도덕성에 대하여 가르치고 있습니다.

3) 하나님은 사랑이시다

하나님께서는 인류를 구원하지 않아도 아무런 책임도 없고 잘못이 없으나 하나님을 떠나 죄에 빠진 인류를 구원하시려고 아담 하와에게 가죽옷을 지어 입히시고 아브라함에게 구원의 언약을 하신 후 사람들의 역사 안에 예수 그리스도를 보내시어 구원을 완성하셨습니다.

하나님께서 사람으로 오셨다는 것 자체가 지극히 낮아지신 것인데, 예수께서는 사람으로서 갖은 어려움을 겪고 모욕과 욕을 당하고 마침내 십자가에서 우리가 받아야 할 지옥의 형벌을 대신 받았습니다. 장차 지옥 형벌을 받게 될 사람들이 불못에서 허우적거릴 것을 상상하면 참으로 끔찍합니다. 그렇게 무서운 지옥 형벌에서 건져 주신 구원의 사랑이 얼마나 큰가를 생각하면 감사할 뿐입니다.

하나님은 무섭고 두렵고 엄위로우신 분이지만 회개하고 믿고 따르는 자에게는 자애로운 아버지처럼 따뜻한 사랑을 베풀어 주십니다.

5. 하나님의 나라 (Kingdom of God)

1) 하나님의 왕권

하나님께서는 영원한 왕입니다. 영원이란 사람들의 시간 밖에 있는 시간으로 시작도 끝도 없는 시간을 의미합니다. 하나님의 왕권은 타존재(他存在)로부터 받은 것이 아니라 자존자재(自存自在)하는 것입니다.

하나님께서 왕권으로 우주와 그 안의 만물을 만드시고 선하신 뜻대로 영광의 목표를 향하여 섭리하고 계십니다. 모든 존재는 하나님의 왕권 하에 있으므로 그 왕권을 벗어날 수 없습니다. 광대한 우주와 자연계는 하나님의 선하신 뜻에 순종하여 그 질서를 유지하면서 그 존재 가치를 나타내고 있습니다.

그러나 사람들은 하나님의 왕권을 모르고 받아들이지 않고 반역 세력의 휘하에서 하나님의 왕권이 자기들에게 미치지 않는다고 여깁니다. 햇빛, 비, 자연을 통치하시는 하나님의 왕권을 모르고 삽니다. 그 사람들 중에서 특별히 예수 그리스도 안에서 구원하신 하나님의 백성들은 천지의 대주재이신 하나님을 왕으로 섬기며 하나님의 왕권에 열복(悅伏)합니다.

"여호와는 크신 하나님이시오 모든 신 위에 크신 왕이시로다. 땅의 깊은 곳이 그 위에 있으며 산들의 높은 것도 그의 것이로다. 바다가 그의 것이라. 그가 만드셨고 육지도 그의 손이 지으셨도다" 〈시편 95:3~5〉

2) 하나님 나라

하나님께서 아브라함의 후손 이스라엘을 택하여 하나님께서 통치하시는 나라가 이 땅에 있음을 세계 만방에 선포하셨습니다. 이스라엘은 하나님께서 친히 다스리므로 평안과 영원한 구원의 소망을 가진 나라였습니다. 하나님을 경외하고 창조의 본의가 구현되며 공의가 실현되는 법을 가진 나라였습니다.

마침내 예수 그리스도께서 오시어 구원을 완성하심으로 하나님 나라가 임하기 시작하였습니다. 예수께서는 "회개하라 천국이 가까웠느니라" 하면서 천국 복음을 전파하기 시작하셨습니다. 하나님의 통치를 벗어나 죄악 중에서 허우적거리는 사람들에게 하나님을 섬기지 않고 하나님의 뜻대로 살지 않았던 것을 회개하고 천국 시민이 되라고 가르치기 시작하셨습니다.

드디어 예수께서 십자가에서 구속 사역을 완성하고 하나님의 왕권을 받으셔서 이 땅에 실질적인 하나님 나라가 시작되었습니다.

"예수께서 나아와 일러 가라사대 하늘과 땅의 모든 권세를 내게 주셨으니" 〈마태복음 28:18〉

부활 승천 후에는 성령을 보내시어 교회를 세우고 교회를 통하여 하나님 나라를 실증하도록 하셨습니다. 인류의 역사가 이 땅에 존속하는 동안에 교회를 통하여 하나님 나라를 증시합니다. 역사의 끝에 예수께서 다시 오시면 생명의 부활을 받게 되는 하나님의 백성들은 영원한 하나님 나라에서 하나님을 찬송하며 영원히 살게 될 것입니다.

3) 하나님 나라의 법

하나님의 의는 율법에 나타나 있습니다. 율법은 모세를 통하여 내려 주신 십계명과 많은 율법을 말하나 넓은 의미로는 성경 전체를 가리켜 하나님의 율법이라 합니다.

예수께서는 율법을 완성하셨고 율법 위에 그의 백성들을 옮겨 놓으셨습니다. 예수께서 완성한 율법 위에 그의 백성들을 세우심으로 예수 그리스도의 구속 사역을 믿고 새사람이 된 사람들은 율법의 고소와 얽매임으로부터 벗어난 것입니다. 율법으로 정죄를 받지 않고 믿음으로 의롭다 함을 받게 되었습니다.

성경은 전체적으로 하나님의 뜻을 가르치고 있으며 하나님의 뜻을 거스리는 것이 죄라고 정합니다(定罪). 죄의 삯은 사망입니다.

그 죄의 삯, 사망에서 구원을 받은 사람이 예수를 믿는 사람입니다. 구원을 받은 사람은 이제부터는 성경에서 가르치는 하나님의 법을 존중하고 열복합니다.

4) 하나님의 통치

하나님 나라는 영원히 존재합니다.

사람의 역사 인식으로는 하나님 나라가 없는 것 같고, 보이지 않지만 하나님께서는 온 우주를 창조하시고 잠시도 쉬거나 멈추지 않고 섭리하고 있습니다.

하나님을 떠난 사람들은 볼 수도 없고 인정하지도 않지만 창세 이래로 하나님 나라는 끊임없이 진행되어 왔고 앞으로도 계속될 것입니다. 영원한 나라입니다. 하나님께서 영원한 분이기 때문에 하나님이 통치하시는 나라는 영원한 것입니다.

하나님 나라를 떠난 사람들이 자기들의 나라를 만들어 살고 있지만 사람들의 나라는 흥망이 계속되다가 예수께서 재림하실 때 완전히 망하고 없어질 것입니다.

① 창세기에 기록된 하나님의 통치

창세 때 아담과 하와가 하나님의 통치를 받기 시작하였으며 그들의 아들 아벨이 하나님을 경외하였습니다. 아담이 낳은 자식 중에 셋과 그 후손들이 하나님을 경외하고 하나님의 통치를 받았습니다. 〈창세기〉 5장은 셋으로부터 시작하여 노아까지의 계보를 기록하고 있습니다. 노아 때까지 사람들은 번성하여 사람들의 나라를 세웠습니다. 그러나 하나님을 떠나 하나님의 통치를 받기 싫어함으로 죄가 가득하여 하나님께서는 40주야 비를 내려 땅 위에서 모두 쓸어 버리셨습니다.

그러나 노아와 세 아들, 세 며느리를 방주에서 살아남게 하여 인류 역사를 존속시켜 아담에게 언약한 구원의 길을 이으셨습니다.

② 아브라함의 후손 이스라엘

노아 방주 이후 많은 나라가 흥망성쇠의 역사를 거듭하였습니다. 오랜 세월이 흐른 후 갈대아 우르에 살던 아브라함을 택하여 하나님께서 통치하시는 나라를 세워 주실 것을 약속하였습니다.

"여호와께서 아브람에게 이르시되 너는 본토 친척 아비집을 떠나 내가 네게 지시할 땅으로 가라 내가 너로 큰 민족을 이루고 네게 복을 주어 네 이름을 창대케 하리니 너는 복의 근원이 될지라" 〈창세기 12:1~2〉

하나님께서는 아브라함을 갈대아 우르에서 가나안으로 인도하여 가나안에 이스라엘이라는 선민 역사를 이루셨습니다. 아브라함의 아들 이삭, 그의 아들 야곱 그리고 야곱(이스라엘)의 열두 아들을 통하여 이스라엘 나라를 세워 주셨습니다. 400년 동안 이집트에서 지낸 후 가나안으로 가는 중에 모세를 통하여 하나님의 율법을 주셨습니다. 가나안에 정착한 이스라엘은 가시적으로는 세상 나라와 같은 모습이었으나 그 내면에는 하나님을 섬기는 신정정치(神政政治)였습니다. 그러므로 이스라엘 나라는 하나님이 왕으로서 그 나라를 통치하셨습니다.

하나님께서는 1800년 간 이스라엘이라는 선민 역사를 친히 다스리셨고 선민 역사의 끝에 예수 그리스도를 보내셨습니다.

③ 하나님 나라의 왕 - 예수 그리스도

사람들의 역사 속에 하나님 나라를 선양하기 위하여 이스라엘 선민 역사를 쓰셨으나 이스라엘은 완성된 하나님 나라가 아니라 그 나라의 예표였습니다.

마침내 예수께서 십자가에서 구속 사역을 완성하시고 부활 승천하셔서 하나님 나라의 왕이 되셨습니다. 예수께서는 부활하신 후 승천하시면서 제자들에게 다음과 같이 말씀하셨습니다.

> "하늘과 땅의 모든 권세를 내게 주셨으니 그러므로 너희는 가서 모든 족속으로 제자를 삼아 아버지와 아들과 성령의 이름으로 세례를 주고 내가 너희에게 분부한 모든 것을 가르쳐 지키게 하라 볼지어다 내가 세상 끝날까지 너희와 항상 함께 있으리라 하시니라."
>
> 〈마태복음 28:18~20〉

예수께서 다스리는 나라는 세상 나라처럼 국경이나 가시적인 국가 형태를 취하지 않으나 성부 성자 성령의 이름으로 세례를 받은 사람들이 예수 그리스도의 백성이 되고 하늘에 오르신 예수께서 통치하시는 나라입니다.

예수께서 통치하시는 하나님 나라는 사람들의 역사가 존속하는 동안 교회로서 존재하게 되었습니다. 교회는 예수 그리스도가 머리가 되고 그의 백성들이 각 지체가 되는 유기적인 연합체입니다. 교회는 그리스도의 통치와 가르침을 받는 신자들이 하나님 나라를 나타내는 기관입니다.

④ 하나님 나라 백성

하나님 나라의 백성은 성령으로 거듭나서 새 사람이 된 사람들입니다. 그들은 신령한 눈과 마음으로 하나님 나라를 볼 수 있으며 실질적인 하나님의 백성으로 살게 됩니다. 그 나라의 백성이 되는 길은 이론이나 지식이나 의지로 되는 것이 아니라 죄를 회개하고 예수 그리스도의 구속 사역을 믿는 것입니다.

"예수께서 대답하시되 진실로 진실로 네게 이르노니 물과 성령으로 나지 아니하면 하나님 나라에 들어갈 수 없느니라" 〈요한복음 3:5〉

오직 성령으로 거듭난 새 사람들이 하나님 나라 백성이 되어 하나님을 경외하며 하나님의 통치에 열복(悅伏)하며 하나님 나라 백성다운 품성과 도덕성을 나타내며 살아가는 것입니다. 성경을 하나님의 말씀으로 믿고 하나님의 뜻을 순종하면서 살아가는 것입니다.

⑤ 새 예루살렘 - 영원한 하나님 나라

이 땅 사람들의 역사가 끝날 때 예수께서 심판의 왕으로 오셔서 사람들의 역사를 심판하게 되면 세상의 모든 나라는 없어지게 됩니다. 새 하늘 새 땅의 왕, 예수께서 다스리는 영원한 나라가 임하게 될 것입니다.

그 나라는 슬픔, 고통, 눈물, 가난, 질병, 전쟁이 없는 완전한 나라가 될 것입니다. 무엇보다 다시는 죽음이 없고 하나님과 사이가 벌어지는 일도 없이 늘 하나님을 찬송하고 기쁨과 평화가 가득한 나라가 될 것입니다.

"거룩한 성 새 예루살렘이 하나님께로부터 하늘에서 내려오니 그 예비한 것이 신부가 남편을 위하여 단장한 것 같더라 내가 들으니 보좌에서 큰 음성이 나서 가로되 보라 하나님의 장막이 사람들과 함께 있으매 하나님이 저희와 함께 거하시리니 저희는 하나님의 백성이 되고 하나님은 친히 저희와 함께 계셔서 모든 눈물을 그 눈에서 씻기시매 다시 사망이 없고 애통하는 것이나 아픈 것이 다시 있지 아니하리니 처음 것들이 다 지나갔음이러라"

〈요한계시록 21:2~4〉

하늘을 흐르던 물
내려
땅에 스미더니
솟아
여인이 걷는다

생명을 낳는 여인이
한모금 물을 길어
몸으로 흐른다
하늘에 흐르던 물이
내 안에 흐른다

물이 흐른다
생명이 흐른다

| 하나님의 말씀 - 성경 |

성경은 능히 너로 하여금
그리스도 예수 안에 있는
믿음으로 말미암아
구원에 이르는 지혜가 있게 하느니라

모든 성경은
하나님의 감동으로 된 것으로
교훈과 책망과 바르게 함과
의로 교육하기에 유익하니
이는 하나님의 사람으로
온전케 하며
모든 선한 일을 행하기에
온전케하려 함이니라

디모데후서 3:15~17

하나님의 말씀 – 성경

1. 성경은 하나님의 말씀이다

성경은 하나님의 말씀입니다. 하나님께서는 사람을 구원하시기 위하여 하나님의 뜻을 사람에게 전하는 수단으로 사람의 말을 쓰셨습니다. 하나님의 뜻을 사람의 말로 기록한 것이 성경입니다.

1) 성경의 역사
성경은 1천 5백 년 동안 30명 이상의 선지자와 사도들이 기록한 책으로 구약 39권 신약 27권으로 되어 있습니다. 구약과 신약 66권 전체가 성경입니다. 구약이나 신약만 또는 모세오경만을 성경이라고 하지 않습니다.

구약은 B.C. 1500년경 모세로부터 B.C. 400년경 페르시아 시대까지 선지자들에 의하여 기록되었으며, 신약은 예수께서 승천하신 후 약 70년 동안 사도들에 의하여 기록되었습니다.

A.D. 397년 칼타르공회에서 신약 27권을 정경(正經)으로 받기로 결의하였습니다.

2) 성경 기자 – 선지자

성경을 기록한 사람들을 선지자라고 합니다. 선지자는 하나님의 말씀을 맡은 사람입니다. 선지자들은 하나님의 계시를 받아 하나님의 말씀을 기록하였습니다. 자기들의 생각이나 임의로 창작한 것이 아니라 하나님의 신 성령의 영감으로 하나님의 계시를 받아 사람의 말로 기록한 것입니다.

하나님의 신, 성령께서는 유기적 영감으로 성경 기자를 사용하였습니다. 즉, 성경 기자(선지자)의 성격, 환경, 언어, 역사, 시대 환경 등을 사용하여 하나님의 계시를 기록하도록 하셨습니다. 한 분 하나님께서 유기적인 영감(Organic Inspiration)으로 1500년이 넘는 기간에 30명이 넘는 기자들을 쓰셔서 기록하였고 성경 전체가 통일을 이루도록 하였습니다. 사람의 생각이나 지혜로 고안하거나 창작을 하였다면 전체 맥락에 이상이 있거나 상충되는 것이 있게 되며 성경이 하나님의 말씀이 될 수 없을 것입니다.

3) 성경은 구원의 말씀

하나님께서는 사람을 죄와 사망에서 구원하기 위하여 하나님의 말씀 성경을 주셨으므로 성경에는 구원의 길이 있습니다. 바꾸어 말하면, 성경 밖에는 구원의 길이 없습니다. 하나님께서 구원에 필요한 내용을 성경을 통하여 충분히 가르쳐 주셨습니다. 그러므로 구원을 위하여 성경 이외의 다른 길이나 내용이 더 필요하지 않습니다. 하나님께서는 성경의 일점 일획이라도 가감하지 말라고 경고하고 계십니다.

"내가 이 책의 예언의 말씀을 듣는 각인에게 증거하노니 만일 누구든지 이것들 외에 더하면 하나님이 이 책에 기록된 재앙들을 그에게 더하실 것이요 만일 누구든지 이 책의 예언의 말씀에서 제하여 버리면 하나님이 이 책에 기록된 생명나무와 및 거룩한 성에 참여함을 제하여 버리시리라" 〈요한계시록 22:19〉

4) 성령의 감동(인도, 조명, 가르침)

성경은 하나님의 특별 계시이기 때문에 일반 서책과는 달리 성령의 조명과 가르침을 받아야 그 뜻을 이해할 수 있습니다. 성경을 하나님의 말씀으로 믿고 성령을 의지하여 읽을 때 하나님의 말씀이 되어 구원의 은혜를 받을 수 있습니다.

성경을 종교 경전으로, 문학 서적으로, 지혜를 얻는 철학 서적으로 읽는 사람들도 많이 있습니다. 종교 서적이나 역사책이나 문학서로 읽게 되면 자기의 수준, 사람의 정도에서 읽게 되므로 하나님을 만날 수 없고 하나님의 깊고 오묘한 뜻을 알 길이 없습니다. 하나님의 말씀을 읽으면서도 하나님을 만날 수도 없고 구원의 길을 찾지 못하는 것입니다.

만약 자기뿐 아니고 자기가 깨닫지 못하고 찾지 못한 하나님의 말씀을 사람의 지혜와 생각과 과학으로 해석하여 다른 사람에게 가르치거나 전하면 하나님의 말씀을 왜곡하는 무서운 일을 자행하게 되어 하나님의 심판을 면치 못하게 될 것입니다.

2. 성경의 중심 예수 그리스도

성경은 하나님의 특별 계시로 사람을 죄와 사망에서 건져 내시는 하나님의 뜻을 전하는 것이므로 구원의 핵심인 예수 그리스도가 중심입니다. 구약과 신약 성경 전체에서 예수 그리스도가 중심입니다.

1) 구약 – 메시야 대망(그리스도를 기다림)

구약은 〈창세기〉로부터 그리스도의 구원에 대한 예언과 기다림을 기록하고 있습니다. 구약의 모세 오경, 역사서 열두 권, 시가서 다섯 권, 대(大)선지서와 소(小)선지서 모두 예수 그리스도가 중심입니다.

〈이사야〉 53장에서는 예수께서 십자가 고난을 받게 되는 모습을 그리고 있습니다. 예수께서 이 땅에 오시기 600여 년 전에 마치 현장에서 목격한 것 같이 묘사하고 있습니다.

"그가 찔림은 우리의 허물을 인함이요 그가 상함은 우리의 죄악을
인함이라 그가 징계를 받음으로 우리가 평화를 누리고 그가 채찍에
맞음으로 우리가 나음을 입었도다" 〈이사야 53장〉

〈시편〉에서도 메시야 대망의 기록에 많이 나오는데, 3천여 년 전에 다윗은 〈시편〉 110편에서 예수께서 만왕의 왕으로서 인류 역사 끝에 심판의 왕으로 군림하실 것을 그리고 있습니다.

"주의 권능의 날에 주의 백성이 거룩한 옷을 입고 즐거이 헌신하니
새벽이슬 같은 주의 청년들이 주께 나오는도다" 〈시편 110편〉

2) 신약- 그리스도를 증거함
① 복음서
신약의 복음서는 예수 그리스도를 직접 계시하는 책들입니다.
〈마태복음〉, 〈마가복음〉, 〈누가복음〉, 〈요한복음〉 이 복음서들은 각각 예수 그리스도의 행적과 예수의 가르침을 기록하고 있습니다. 4복음서에 기록된 예수님의 행적은 하나님을 계시하여 하나님 나라를 선포하는 내용입니다.

② 서신서
예수께서 십자가 고난 후 부활 승천하면서 성령을 보내어 교회를 세우시겠다고 언약하신대로 성령께서 오순절에 제자들이 모여

있는 예루살렘에 오셔서 교회를 세우기 시작하셨습니다. 성령은 독자적인 일을 하는 것이 아니라 하늘에 오르신 예수 그리스도의 일을 계승하여 성부 하나님의 일을 하는 것입니다. 성령의 감동과 능력으로 사도들이 교회를 세우면서 전한 복음은 예수 그리스도의 십자가 고난과 구원입니다. 각 교회에 보내는 서신서 모두가 예수 그리스도를 증거하기 위한 것이었습니다.

③ <요한계시록>

요한계시록은 하나님의 거룩한 구원의 목적과 계획이 마침내 역사의 종국에 완성되어 우주와 만물이 예수 그리스도 안에 통일되고 그리스도가 왕이 되어 하나님의 영광을 나타내는 모습을 그리고 있습니다.

3. 성경의 분류

성경을 시대와 내용에 따라 분류할 수 있습니다.

구약은 하나님의 창조와 아담의 타락, 아담으로부터 노아 홍수, 홍수 이후 아브라함을 택하여 이스라엘 선민 역사를 시작하는 내용을 기록한 모세 오경이 시작 부분에 있습니다.

이스라엘이 가나안에 정착하여 이스라엘 왕국을 건설하여 하나님의 신정 정치를 기록한 역사서가 있습니다.

이스라엘 선민 역사에 하나님의 선지자들이 때에 따라 하나님의 말씀을 전하는 내용의 선지서가 있습니다.

하나님을 찬양하며 하나님께서 하신 일을 아름다운 문체로 그려낸 시가서가 있습니다.

신약은 예수님의 행적과 말씀을 기록한 복음서, 사도들이 교회에 보낸 서신서, 역사 끝의 심판을 기록한 요한계시록으로 분류할 수 있습니다.

1) 모세 오경

모세 오경은 〈창세기〉, 〈출애굽기〉, 〈레위기〉, 〈민수기〉, 〈신명기〉입니다. 하나님의 창조, 사람의 타락, 구원의 언약, 이스라엘 선민 역사의 시작을 기록한 성경입니다. 모세 오경은 인류 역사의 시작과 하나님의 구원에 대한 언약과 예언을 기록하였습니다.

2) 역사서

〈여호수아〉, 〈사사기〉, 〈룻기〉, 〈사무엘상하〉, 〈열왕기상하〉, 〈역대상 하〉, 〈에스라〉, 〈느헤미야〉, 〈에스더〉 12권은 이스라엘 역사서입니다.

출애굽한 이스라엘이 가나안 땅에 정착하여 하나님 나라를 선양하는 천 년 동안 하나님께서 친히 이스라엘의 왕이 되셔서 통치하시는 신정 정치를 기록하였습니다.

가나안 정벌, 이스라엘 건국, 다윗 왕국의 분열, 남쪽 유다와 북쪽 이스라엘의 범죄, 이스라엘의 멸망, 바벨론 포로, 포로 회복과 제 2 성전 건축 등 1천 년의 역사를 기록하고 있습니다.

하나님의 통치를 잘 받은 때는 평안을 누리면서 하나님의 뜻을 세계에 선양하는 사명을 담당하지만 하나님을 떠나 우상을 숭배할 때는 외적의 침입과 재난으로 징벌을 받는 이스라엘의 역사서입니다.

3) 선지서
- **대선지서:** <이사야>, <예레미야>, <예레미야 애가>, <에스겔>, <다니엘>, <호세아>
- **소선지서:** <요엘>, <아모스>, <오바댜>, <요나>, <미가>, <나훔>, <하박국>, <스바냐>, <학개>, <스가랴>, <말라기>

이스라엘은 여느 세상 나라와는 다르게 하나님의 통치를 나타내시려고 특별히 선택한 나라입니다. 비록 이스라엘은 왕국이라는 정치 형태를 취했으나 신정정치 곧 하나님이 왕이 되어 통치하는 나라였습니다. 하나님의 말씀을 맡은 선지자가 천년의 역사를 통하여 왕과 백성에게 하나님의 뜻을 전하였습니다.

특히 이스라엘이 하나님을 떠나 범죄하고 우상을 숭배하는 죄를 행할 때는 하나님의 징벌을 예고하고, 하나님의 심판을 전하는 선지자들이 눈물로, 때로는 거룩한 분노로 하나님의 말씀을 전하였습니다.

4) 시가서

〈시편〉, 〈잠언〉, 〈전도서〉, 〈아가서〉, 〈욥기〉를 시가서로 분류합니다.

문학의 장르를 띠고 있지만 사람의 창작이 아니라 성령의 감동과 조명으로 씌어진 시가서는 분명히 하나님의 말씀입니다. 그러므로 하나님을 찬양하는 모범으로 되어 있으며, 하나님의 교훈을 담은 책으로 하나님의 백성이 읽고 배우는 가운데 하나님과 밀접한 교제를 할 수 있습니다. 시가서를 단순한 문학서로 읽는다면 보석을 돌로 사용하는 것과 같습니다.

5) 복음서

〈마태복음〉, 〈마가복음〉, 〈누가복음〉, 〈요한복음〉으로 되어 있습니다.

복음서는 예수 그리스도의 성육신, 하나님 나라에 대한 선포, 그리스도의 사역, 십자가의 구속, 부활, 승천을 기록하고 있습니다.

6) 〈사도행전〉

"땅 끝까지 이르러 내 증인이 되리라"하신 말씀에 따라 사도들이 예수님의 "십자가, 부활, 승천"을 예루살렘에서 시작하여 안디옥, 소아시아, 에베소, 고린도, 로마까지 전하는 내용입니다.

7) 서신서(22권)

〈로마서〉에서 〈유다서〉까지를 서신서라 부릅니다.

예수께서 부활 승천하신 후 교회를 세우시겠다는 약속을 이루시기 위하여 성령을 보내시고 성령께서 예수의 제자들을 쓰셔서 세상 끝까지 복음을 전하여 교회를 세우기 시작하였습니다. 사도 시대를 끝으로 특별 계시는 마감됩니다. 70년 동안 사도와 제자들이 교회를 세우고 그 교회에 하나님의 말씀을 편지 형태로 보낸 것이 서신서입니다.

8) 〈요한계시록〉

요한이 밧모섬에서 특별계시를 받아 인류의 종말에 될 일을 기록한 책이 계시록입니다. 예수께서 재림하여 심판하실 때의 정경을 그리고 있습니다.

4. 성경의 개관 - God's Stream & Human Stream

성경은 우주와 사람의 창조부터 시작하여 인류 역사를 기록하고 있습니다. 첫 사람 아담으로부터 사도 시대까지 역사를 구속사 중심으로 기록하고 있습니다. 아담의 범죄 후 타락하여 하나님을 떠난 사람들을 구원하시기 위하여 하나님께서는 인류의 역사를 경륜하시는데, 그 경륜 가운데 하나님을 사랑하고 하나님의 뜻에 따르는 하나님 중심(God's Stream)으로 살아간 사람들과 하나님의 뜻을 생각하지 않고 사람 중심(Human Stream)으로 살아간 사람들의 역사가 있습니다.

인류의 역사는 God's Stream과 Human Stream으로 구분할 수 있으며, 오늘날도 하나님의 백성 아니면 세상에 속한 사람으로 양분됩니다.

성경에 기록된 하나님의 뜻을 따르던 사람들과 공중의 권세 잡은 자에 속하여 하나님을 대적하였던 사람들과 사건들을 살펴보겠습니다.

1) 하나님의 창조

태초에 하나님이 천지를 창조하셨습니다.

하나님께서는 스스로 존재하시면서 하나님의 영광을 나타내기 위하여 우주와 그 안의 만물을 만드셨습니다. 하나님께서는 홀로 존재하여도 불편하거나 외롭거나 영광이 소멸되는 것이 아닙니다. 하나님은 영광 자체이며 지혜와 권능입니다.

하나님께서는 만물을 지으시고, 특별히 하나님의 형상대로 사람을 지으셨습니다. 사람에게 하나님의 영광을 나타내고 하나님의 영광에 참여할 수 있는 복을 주시기 위함이었습니다. 특별한 복을 주셨고 또한 언약을 하셔서 하나님과 정상적인 관계를 지키며 그의 뜻을 순종할 때는 영원한 복, 영생(생명나무의 실과)을 주실 것이었습니다.

사람들은 하나님을 떠나 하나님을 아는 총명이 어두워져 하나님의 창조를 모르게 되었습니다. 진화론은 한낱 과학주의일 뿐이며 그에 대응하는 창조과학도 의미가 없는 것입니다. 창조과학은 또 하나의 과학으로 빠지기 십상입니다. 엄연한 사실을 무지하여 모르고 왜곡하는 사람들에게 굳이 변증할 필요가 없습니다. 노력과 시간을 낭비하는 무의미한 일이 됩니다. 과학은 하나님의 섭리를 깨달아 과학적인 방법으로 하나님의 섭리를 표현하는 것입니다.

과학은 하나님의 실존과 섭리를 증명합니다. 우주의 별이 조, 억, 경으로 셀 수 없이 많다는 것, 그 별들의 운행이 0.00001초만 어그러지면 우주는 산산조각이 난다는 것, 우리 몸을 돌고 있는 혈관이 지구를 세 바퀴 반을 돌 만큼 길다는 것, 우리 몸은 수천 억 개의 세포로 이뤄지고 체내에는 수억의 바이러스가 활동한다는 것, 그 질서 체계를 과학이 말하여 주고 있습니다.

과학은 하나님의 섭리를 극히 적고 작게 발견한 학문일 뿐입니다. 조금만 생각하면 하나님의 창조를 볼 수 있고 깨달을 수 있으며 인정할 수 있는 것입니다.

하나님께서는 엿새 동안 만물을 지으셨는데, 엿새라는 시간 개념은 사람의 구분과 편의입니다. 시간도 하나님이 만드신 피조물입니다. 하나님의 능력으로는 1초 안에도 모든 만물을 창조하실 수 있습니다. 하나님께는 천 년이 하루 같고 하루가 천년 같다고 하셨습니다.

> **하나님의 창조 대략**
>
> **첫째 날**: 빛이 있으라.
> **둘째 날**: 궁창, 하늘을 만드시다.
> **셋째 날**: 바다와 땅을 만들고 뭍(땅)에는 채소와 식물이 있게 하시다.
> **넷째 날**: 하늘의 해와 달과 별들을 만드시다.
> **다섯째 날**: 하늘을 나는 새와 바다에 사는 물고기를 만드시다.
> **여섯째 날**: 땅 위에 각종 짐승과 육축을 만드시다.
>   사람을 하나님의 형상대로 만드시고 복을 주시다.
> **일곱째 날**: 하나님께서 창조의 일을 마치고 안식하다.
>   일곱째 날을 거룩하게 하시고 영원한 안식을 약속하시다.

2) 아담으로부터 노아 홍수까지

① 아담과 하와

첫 사람 아담은 아내 하와와 함께 만물을 하나님의 뜻대로 다스리고 생육하고 번성하여 땅에 충만하라는 복을 받았습니다. 아담은 하와에게 하나님의 뜻을 바르게 전하고 하나님의 영광을 위하여 만물을 다스리고 하나님의 언약을 굳게 믿어야 했습니다.

하나님께서 각종 나무의 실과는 임의로 먹되 선악을 알게 하는 나무의 실과는 먹지 말라고 하셨습니다. 먹는 날에는 정녕 죽으리라 하셨습니다. 그러나 간교한 뱀의 꾀에 넘어간 하와와 아담은 선악을 알게 하는 나무의 실과를 따먹고 결국 죽음에 이르게 되었습니다. 인류에게 죄와 사망을 가져온 것입니다.

아담과 하와는 사탄의 속임에 넘어가고 말았습니다. 사탄의 특성은 속이는 것입니다. 하나님과 같이 되고자 하는 인본주의(Humanism)로, 하나님께 도전하는 무서운 일을 저지르게 된 것입니다.

② 가인과 아벨

아담의 원죄로 말미암아 인류 사회에는 무서운 죄악이 들어왔습니다. 형 가인이 아우 아벨을 죽이는 살인이라는 참혹한 일이 일어났습니다. 살인의 이유는 시기와 질투였습니다. 아우 아벨은 하나님을 경외하여 하나님의 인정을 받는데 가인은 하나님을 소홀히 여겼으므로 하나님께서 그의 제사는 받지 않았습니다. 가인의 후손은 계속하여 악을 행하였습니다. 라멕 같은 사람은 가인보다 열배의 악을 행하였습니다.

③ 셋의 후손

아담과 하와의 다른 아들 중에 셋이 있었습니다. 셋은 하나님을 경외하였고 그의 후손은 하나님 나라 백성으로(God's Stream) 노아 때까지 이어 갔습니다. 셋의 자손 중 에녹은 죽지 않고 365세에 하나님께 갔습니다.

아담은 130세에 셋을 낳고 800년 동안 자녀를 낳았으며 930세에 죽었습니다. 아담은 노아의 할아버지 므두셀라(967세까지 살았음)때 까지 살았습니다.

④ 노아 홍수

땅에는 수많은 사람이 있게 되었는데 그들의 생각은 항상 악할 뿐이었습니다. 사람의 죄악이 세상에 가득하여 하나님께서는 사람을 지으신 것을 한탄하셨습니다. 하나님께서는 홍수로 지면을 쓸어버리셨습니다. 노아 가족만 남게 되었습니다.

"여호와께서 사람의 죄악이 세상에 관영함과 그 마음의 모든 계획이 항상 악할 뿐임을 보시고 땅 위에 사람 지으셨음을 한탄하사 마음에 근심하시고 나의 창조한 사람을 내가 지면에서 쓸어버리되……"
〈창세기 6:5〉

● 방주	● 홍수
길이: 300규빗(100m)	비: 40주야
넓이: 50규빗(18m)	땅을 덮은 기간: 150일
높이: 30규빗(10m)	방주 생활: 1년 10일

3) 바벨탑 사건

노아의 세 아들 셈, 야벳, 함의 자손으로 다시 땅에는 많은 사람이 있게 되었습니다. 그러나 사람들은 하나님을 떠나 자기들의 힘으로 살려고 하였으며 죄악을 저질렀습니다.

"자, 성과 대를 쌓아 대 꼭대기를 하늘에 닿게 하여 우리 이름을 내고 온

지면에 흩어짐을 면하자" 하며 성과 대를 쌓았습니다. 사람의 힘으로 통일을 이루고 이상향을 건설하려고 하였습니다. 인류의 역사는 끊임없이 통일을 위하여 노력하고, 유토피아를 꿈꾸어 왔지만 이루어지지 않았습니다.

하나님께서는 그들의 언어를 혼잡하게 하여 그들을 흩으셨습니다. 사람은 하나님의 피조물이라는 사실에서 벗어날 수 없고, 하나님의 돌보심 없이, 하나님과 관계없이 살 수 있는 존재가 아닙니다. 마치 어린아이가 부모를 떠나 자기의 힘으로 살아보겠다는 것과 같습니다. 자식을 사랑하는 부모는 어린아이가 부모 없이 자기 힘으로 살겠다고 집을 나갈 때 그냥 방치하지 않습니다.

바벨탑을 쌓고 있던 사람들의 언어를 다르게 하여 흩으신 것은 하나님께서 인류를 포기하지 않으신 것입니다. 사랑과 구원의 계획이 없었으면 사람들 스스로 살다가 망하도록 버렸을 것입니다.

4) 구원의 언약 - 아브라함

여호와께서 아브라함을 택하여 구원의 경륜을 이루기 시작하셨습니다.

이 세상에서 분리하여 하나님께서 복주시고 다스리는 하나님 나라를 건국할 것을 약속하셨습니다. 하나님의 구원을 세계 만민에게 전하는 복의 기관이 되도록 하셨습니다.

"너는 너의 본토 친척 아비 집을 떠나 내가 네게 지시 할 땅으로 가라 내가 너로 큰 민족을 이루고 네게 복을 주어 네 이름을 창대케 하리니 너는 복의 근원이 될지라" 〈창세기 12:1〉

아브라함은 갈대아 우르 → 하란 → 가나안 → 벧엘→ 애굽 → 벧엘 → 헤브론으로 이거하며 하나님께 순종하여 지시하는 땅으로 갔습니다.

여호와께서 아브라함은 열국의 아비가 되고 사라는 열국의 어미가 될 것이라는 언약의 표로 이름을 지어 주시고, 그들의 후손이 하늘의 별과 같이 바다의 모래같이 무수히 많을 것을 언약하셨습니다. 이는 단순히 자식들이 번성하여 강대하여지는 것만이 아니라 하나님의 백성으로 하나님의 통치를 받는 거룩한 나라가 될 것을 언약하신 것입니다. 언약의 표로 100세 된 아브라함, 90세된 사라에게 이삭을 주셨고, 할례를 받도록 하셨습니다.

① 소돔 고모라 멸망

여호와께서 아브라함에게 친히 나타나 이삭을 주시겠다는 언약을 하신 후 조카 롯이 살고 있는 소돔 고모라 성을 심판하실 것을 말씀하셨습니다.

당시 소돔과 고모라는 사람의 문명이 발달한 도시였습니다. 먹을 것이 풍부하였습니다. 그러나 그곳은 더러운 죄악이 가득하여 남녀의 음행을 넘어 동성애가 성행하여 롯의 집에 찾아온 천사를 능욕하려는 무뢰한들이 있었습니다. 마침내 하나님께서는 소돔 고모라

성에 유황불을 비같이 내려 멸망시키셨습니다. 롯과 두 딸은 소돔 고모라 성에서 탈출하였지만 롯의 아내는 뒤를 돌아보다가 소금 기둥이 되었습니다.

하나님께서는 역사 기간에도 때때로 심판을 하십니다.

② 이삭, 야곱

아브라함의 아들 이삭, 이삭의 아들 야곱은 하나님을 경외하여 하나님의 언약의 자녀답게 살았습니다. 하나님이 받으시는 제사를 드리고 특히 세상 여자와 결혼하지 않고 하나님을 경외하는 아내를 얻기 위하여 갖은 어려움을 겪었습니다. 야곱은 하나님을 경외하며 하나님의 축복을 얻기 위하여 아버지 이삭과 형 에서를 속이기까지 하여 많은 어려움을 겪었으나 하나님 께서 야곱에게 많은 복과 자녀를 주셨습니다. 하나님께서는 하나님을 전적으로 의뢰하는 자에게 복을 주십니다.

야곱(이스라엘)의 열두 아들은 1. 르우벤 2. 시므온 3. 레위 4. 유다 5. 단 6. 납달리 7. 갓 8. 아셀 9. 잇사갈 10. 스불론 11. 요셉 12. 베냐민 이었습니다. 이들은 이스라엘 열두지파의 조상이 되었습니다.

그러나 이스마엘과 에서는 복의 기관이요 구원의 언약이 있는 집안에 태어났음에도 세상으로 나갔습니다. 하나님의 언약을 무시하고 세상의 나라 (Human Stream)로 나갔습니다. 그들은 오늘날 모슬렘의 조상이 되었습니다. 그들의 후손 모하멧은 알라신을 만들었습니다.

③ 요셉과 애굽 이주

야곱의 열한 번째 아들 요셉은 형들의 미움과 시기로 애굽에 종으로 팔려 갔습니다. 비록 종의 신분이었으나 변함없이 하나님을 경외하였고, 신실한 그는 점차 신분이 상승되었습니다. 하나님의 은혜로 애굽의 총리 자리에까지 이르게 되었습니다.

애굽의 총리 직에 있을 때 애굽, 가나안 지역에 심한 흉년이 들어 아버지 야곱과 그의 형제들이 애굽으로 이거해 오게 되었습니다. 그 후 애굽 북쪽 고센 땅에서 이스라엘 백성들은 400년을 살게 되었습니다. 아브라함에게 언약하신 것처럼 그의 자손들이 하늘의 별같이 많아지기 시작하였습니다.

5) 모세와 출애굽

세월이 흘러 애굽 왕조가 바뀌었습니다. 이스라엘 백성들은 애굽의 노예가 되어 심한 노역과 학대에 시달리게 되었습니다. 애굽왕 바로는 이스라엘 사람들을 멸종시키기 위하여 남자 아기를 모두 죽이라고 하였습니다. 모세도 죽임을 당할 처지에서 강에 버려졌다가 애굽의 공주에게 발견되어 애굽 궁정에서 자라게 되었습니다. 유모는 모세의 생모였습니다. 모세가 장성하여 민족의식으로 이스라엘 사람을 괴롭히는 애굽 사람을 죽이는 사건으로 40년 동안 미디안에 피난생활을 하게 됩니다.

① 여호와께서 모세를 부르심

미디안에서 양치기가 된 모세를 하나님께서 이스라엘을 구원하는 지도자로 쓰시기 위하여 호렙산에서 불러 애굽으로 갈 것을 명하셨습니다. 이때 모세는 80세 노인으로 능력도 희망도 없었습니다. 오직 하나님의 능력을 힘입어 이스라엘을 애굽에서 구하여 가나안으로 인도하는 지도자가 되었습니다.

청장년 때의 인본주의와 민족주의는 사라지고 오직 하나님만 의지하는 신본주의자가 되었을 때 하나님께서는 위대한 지도자로 쓰셨습니다.

"내가 누구관대 바로에게 가며 이스라엘 자손을 애굽에서 인도하여 내리이까?"라고 말하는 모세에게 여호와께서 "스스로 있는 자가 나를 너희에게 보내셨다 하라. 나를 너희에게 보내신 이는 너희 조상의 하나님 아브라함의 하나님, 이삭의 하나님, 야곱의 하나님 여호와라 하라"고 말씀하셨습니다.

② 출애굽

"나는 너를 애굽 땅 종 되었던 집에서 인도하여 낸 너의 하나님 여호와로라"

〈출애굽기〉는 여호와 하나님께서 아브라함에게 약속하신 언약을 이루시기 시작하는 내용, 즉 이스라엘 백성을 애굽에서 가나안으로 인도하시는 내용입니다.

요셉을 모르는 애굽의 바로 왕이 이스라엘을 학대하여 종으로 삼고 노역을 시켰습니다. 하나님께서는 이스라엘 백성들의 고통 소리를 들으시고 미디안에서 양치기가 된 모세를 지도자로 삼아 이스라엘 백성들을 애굽에서 구출하셨습니다. 바로 왕은 이스라엘 백성들을 쉽게 내놓지 않았습니다. 하나님께서 열 가지 재앙을 내려 비로소 바로 왕과 애굽 사람들이 이스라엘 백성이 떠나도록 하였습니다. 70명의 가족이 애굽으로 이주하였다가 출애굽 때에는 장정만 60만 명이었습니다.

③ 하나님의 법

이스라엘 백성을 가나안으로 인도하시는 노정(路程)에 여호와 하나님께서 그 백성들에게 법을 주셨습니다 〈출애굽기〉, 〈레위기〉, 〈민수기〉, 〈신명기〉.

십계명과 자세한 실정법을 주셨습니다. 세상에도 법이 많이 있으나 세상의 법은 사람들이 제정하고 사람들을 위한 법으로서 시대와 장소에 따라 다르며 바꿀 수 있으며 소멸되거나 없앨 수도 있습니다. 그러나 하나님의 법은 3500년 간 하나님의 백성들에게 유효한 실정법이었으며 인류 역사가 존속 될 때까지 효력을 발휘하게 될 것입니다.

십계명

나는 너를 애굽 땅 종 되었던 집에서 인도하여 낸 너의 하나님 여호와로라

1. 너는 나 외에는 다른 신들을 네게 있게 말지니라.
2. 너를 위하여 새긴 우상을 만들지 말고, 또 위로 하늘에 있는 것이나, 아래로 땅에 있는 것이나, 땅 아래 물 속에 있는 것의 아무 형상이든지 만들지 말며, 그것들에게 절하지 말며, 그것들을 섬기지 말라.
3. 너는 너의 하나님 여호와의 이름을 망령되이 일컫지 말라.
4. 안식일을 기억하여 거룩히 지키라.
5. 네 부모를 공경하라.
6. 살인하지 말지니라.
7. 간음하지 말지니라.
8. 도적질하지 말지니라.
9. 네 이웃에 대하여 거짓 증거 하지 말지니라.
10. 네 이웃의 집을 탐내지 말지니라.

6) 여호수아 - 가나안 입성

모세가 애굽 땅에서 이스라엘을 인도하여 가나안을 향하여 가는 세월이 40년이나 걸렸습니다. 4개월이면 충분히 갈 수 있는 거리였으나 40년의 세월이 걸린 까닭은,

첫째, 이스라엘 백성들이 하나님의 크신 능력과 은혜를 직접 경험하고도 신앙이 없어 하나님을 믿지 못하고 불평과 불만이 가득하였던 것입니다.

둘째, 이방인의 문화와 관습을 모두 버리고 오직 하나님의 통치만을 바라는 새로운 백성이 되어야 했던 것입니다.

이스라엘은 하나님께서 친히 가나안 원주민들을 물리쳐 주시어 가나안 땅에 정착하게 되었습니다. 당시 가나안은 소돔 고모라처럼 우상숭배가 심하고 성적으로 매우 타락하여 이 땅에 더 이상 존속하여야 할 가치가 없는 사람들이었으므로 하나님께서 심판하신 것입니다. 몰렉신을 섬기는 사람들은 자기들의 어린 자식을 불가운데로 집어넣는 제사를 드렸습니다. 역사 가운데 때때로 심판하시는 하나님은 이스라엘을 쓰셔서 그들을 심판하신 것입니다.

여호수아가 이스라엘의 지도자가 되어 가나안에 입성하여 팔레스타인 지역(지금 이스라엘과 요르단 지역)을 열두 지파들이 분할하여 기업을 받게 되었습니다.

하나님은 이스라엘의 수호신이 아니셨습니다. 오직 이스라엘은 하나님의 영광을 나타내고 하나님께서 천지의 대주재이심을 천하 만민에게 알려야 할 사명을 받은 민족이었습니다. 그러한 쓰임을 받을 때 존재 가치와 의미가 있는 것이었습니다.

● 사사시대(師士時代)

이스라엘은 왕이 필요없이 자율적으로 자유롭게 시내산에서 주신 하나님의 율법으로 살아야 했습니다. 하나님의 백성다운 품성과 도덕성을 발휘하면서 영원한 구원을 소망하면서 살도록 하였습니다. 그러나 이스라엘이 세상 나라와 세상 사람들의 문화와 종교를 받아들이고 그들의 영향을 받고 정신적으로 해이해질 때마다 고난을 당하게 됩니다. 그때마다 이스라엘의 지도자(사사)가 나타나 하나님께 능력과 지혜를 받아 이스라엘 백성들을 가르치고 회개하도록 하여 이스라엘의 정체성(正體性)을 회복시키는 역사가 반복됩니다.

사사시대 끝에 "이스라엘에 왕이 없으므로 사람이 각각 그 소견에 옳은 대로 행하였더라" 〈사사기 21:25〉라고 말하고 있습니다. 하나님 나라를 세상 사람들의 나라로 바꾸려고 하는 모습이었습니다.

7) 이스라엘 왕국

이스라엘은 세상 여느 나라와는 달리 하나님께서 친히 왕이 되어 다스리는 "하나님 나라"이어야 하는데, 세상 나라처럼 왕을 달라는 저급한 상태에 빠지게 되었습니다.

마지막 사사이며 처음 선지자인 사무엘이 두 번이나 이스라엘 백성에게 왕을 달라는 것이 하나님 앞에 죄가 된다는 사실을 지적하였습니다. 그래도 이스라엘 백성들은 계속 왕을 달라고 하였습니다.

그 때 하나님께서는 선지자 사무엘에게 "그들이 너를 버림이 아니요 나를 버려 자기들의 왕이 되지 못하게 함이니라" 〈사무엘상 8:7〉 하시면서 사울 왕을 세워 주셨습니다.

사울은 인본주의(Human Stream)의 표준이었습니다. 사울 왕은 힘이 세고, 키가 크고 준수하며 책략이 뛰어나 전쟁을 잘하는 왕이었습니다.

사울 왕 초기에는 하나님의 말씀을 경청하는 듯하다가 점차 사람의 지혜와 꾀에 의지하여 이스라엘을 다스리기 시작하였습니다. 싸움에 능하여 외적을 물리쳤으나 하나님께서 취하지 말라 하는 전

리품을 자기 마음대로 취하였습니다. 하나님의 뜻보다 자기 좋을대로 행하였습니다.

결국 하나님께서 사울 왕을 폐하고 다윗을 세워 이스라엘 왕국을 세우도록 하셨습니다.

① 다윗과 솔로몬

다윗은 하나님을 경외하고 순종하며 하나님을 찬미하여 하나님 나라를 확고히 세운 성군이었습니다.

소년시절 하나님을 믿는 신앙으로 블레셋의 골리앗을 물리쳤으며 젊은 시절에는 사울 왕의 시기와 질투로 많은 고난을 받았습니다. 그러나 오직 하나님만 의지하고 선을 행하였습니다.

이스라엘 왕이 되어서 백성들이 하나님을 경외하고 예배하도록 하였습니다. 또한 블레셋 등 가나안의 족속들을 물리치고 왕국을 튼튼히 하여 근방의 국가들이 이스라엘에게 침범하는 일이 없었습니다.

유대인들은 지금도 3천 년 전 다윗 같은 왕이 오기를 기다리는 메시야관을 가지고 있습니다. 현세적인 메시야 관입니다.

다윗의 아들 솔로몬은 지혜의 왕이었습니다. 성전을 지었고 왕궁도 지어서 이스라엘 왕국의 기틀을 튼튼히 하였지만 후기에는 이방 여인들을 끌어들이고 그 여인들이 가지고 온 이방신을 섬기는 죄를 저질렀습니다.

② 이스라엘 왕국의 분열

솔로몬이 40년의 왕권을 누리면서 초기에는 하나님을 경외하는 신실한 왕이었으나 후기에는 이방 여인들과 사랑에 빠져 이방신을 섬기는 죄를 저질렀습니다. 그리하여 하나님의 진노를 받게 되었고 그의 아들 르호보암 때에 여로보암이 반역을 일으켜 북쪽 이스라엘을 건국하여 남 유다와 분열이 되었습니다.

남쪽 유다는 하나님께서 다윗에게 하신 언약을 지켜주심으로 다윗의 후손들이 왕위를 계승하게 되었습니다.

③ 북 이스라엘 왕국

북쪽 이스라엘은 여로보암 – 나답 – 바아사 – 엘라 – 시므리 – 오므리– 아합 – 아하시야 – 요람 – 예후 – 여호아하스 – 요아스 – 여로보암 2세– 스가랴 – 살룸– 므나헴 – 브가히야 – 베가– 호세아 등 19명의 왕들이 역성혁명을 거듭하다가 B.C. 721년 앗시리아에게 망하게 되었습니다.

북 이스라엘의 왕들은 역성혁명을 거듭하면서 이스라엘을 다스리면서 하나님을 거역하고 산당을 지어 하나님께 예배하러 가는 길을 막고 때때로 우상을 숭배하는 죄를 지었습니다.

그러나 하나님께서는 이스라엘의 열두 지파 중 열 지파에 해당하는 이스라엘 백성들을 버리지 않으시고 때때로 선지자들을 보내셔서 왕을 책망하고 백성들을 향하여 하나님의 경고를 전하셨습니다.

④ 남 유다 왕국

하나님께서 다윗에게 언약하신대로 남쪽 유다는 다윗 왕가가 계승하도록 하셨습니다

다윗왕가는 다윗 – 솔로몬 – 르호보암 – 아비얌 – 아사 – 여호사밧 – 여호람 – 아하시야 – 아달랴 여왕– 요아스 – 아마샤 – 웃시야– 요담– 아하스 – 히스기야–므낫세 – 아몬 – 요시야 – 여호아하스 – 여호야김 –여호야긴– 시드기야로 이어오다가 B.C. 587년에 바벨론에게 망하여 포로로 잡혀 가게 되었습니다

다윗 왕가의 계승자로서 다윗, 솔로몬, 아사, 웃시야, 요담, 히스기야, 요시야는 하나님을 경외하고 순종하여 하나님을 기쁘시게 하는 왕이었습니다. 그러나 유다의 많은 왕들은 하나님 앞에 악을 행하였습니다. 그리하여 결국 하나님의 진노를 받아 B.C. 587년에 바벨론의 침공을 받아 망하고 포로가 되어 바벨론으로 끌려가 70년 동안 노예 생활을 하게 되었습니다.

노예 생활에서 귀향하여 제 2성전을 짓기는 하였으나 이스라엘 왕국을 재건하지 못하고 페르시아에 200년 동안, 애굽 왕조에 130년 동안 통치를 받았고, 수리아의 셀류쿠스 왕조에게 지배당하다가 B.C. 67년부터 예수 그리스도께서 오실 때까지 로마의 통치하에 있게 되었습니다.

8) 선지자의 가르침과 경고

하나님께서는 이스라엘 왕국의 역사 진행 가운데 선지자들을 보

내셔서 하나님의 말씀을 전하게 하셨습니다.

모세로부터 시작한 선지자들은 하나님의 말씀을 전하여 이스라엘이 하나님 나라의 사명을 수행하도록 하였습니다. 백성과 왕이 바른 자세로 하나님께 나아가 제사하고 하나님을 찬양하도록 하나님의 말씀을 전하고 율법을 가르쳤습니다.

또한 이스라엘 백성이나 왕이 하나님의 뜻을 벗어나 곁길로 갈 때는 책망하고 경고하였습니다. 이스라엘이 우상을 섬기지 않고 도덕적으로 순결하게 하고 하나님의 선과 의로운 통치를 세상에 전하는 사명을 수행하도록 하였습니다.

이스라엘 역사기간에 활동하였던 몇 몇 선지자들을 살펴봅니다.

① 모세

이스라엘을 애굽에서 인도하여 낸 이스라엘의 지도자이며 〈창세기〉, 〈출애굽기〉, 〈레위기〉, 〈민수기〉, 〈신명기〉 등 모세 오경을 하나님의 계시를 받아 기록하였습니다.

② 사무엘

마지막 사사로서 또한 이스라엘 왕국의 처음 선지자로서 하나님의 뜻을 따라 이스라엘 백성들을 지도하였습니다. 사울에 이어 다윗을 왕으로 세우고 다윗에게 하나님의 말씀을 가르쳐 하나님의 신실한 종이 될 수 있도록 하였습니다.

③ 나단

다윗 왕이 우리야의 아내 밧세바를 취하기 위하여 우리야를 죽음으로 몰아넣은 사실을 양 새끼의 비유를 들어 다윗의 죄를 지적함으로써 다윗이 크게 뉘우치고 성군이 될 수 있도록 하였습니다.

④ 엘리야, 엘리사

북 이스라엘 왕국의 왕들이 하나님을 떠나 죄악을 저지르고 이스라엘 백성들이 하나님께 나아가는 길을 막았습니다. 특히 아합 왕은 왕비 이사벨이 가져온 우상을 숭배하며 백성들을 괴롭혔습니다. 이때 엘리야는 하나님께 수 년 동안 비를 내리지 않도록 기도하여 이스라엘을 징계하시는 하나님의 뜻을 전하였습니다. 수 년 후 바알 신을 섬기는 아합과 거짓 선지자들을 모이게 하여 그들의 앞에서 하나님께 기도하여 비를 내리게 하며 거짓 선지자들을 물리쳤습니다. 엘리야는 죽지 않고 회오리바람을 타고 하늘로 올라갔습니다.

엘리사는 엘리야의 제자로서 엘리야의 승천을 목격하였습니다. 엘리사는 이적을 많이 행하고 병든 자들을 고쳐 주었습니다. 수넴 여인이 아들을 낳을 것을 예언하고 그 아들이 죽었을 때 다시 살려 준 일과, 나아만 장군의 문둥병을 치료해 준 사건으로 유명합니다.

⑤ 이사야

이사야 선지자는 범죄한 이스라엘이 하나님의 진노를 받아 망하게 될 것을 경고하면서 회개하고 돌아오라는 간절한 호소를 이스라엘 백성들과 왕에게 하였습니다. 또한 메시야께서 오실것을 생생하게 예언하고 영원한 왕으로 오셔서 통치하실 것을 가르쳤습니다.

〈이사야〉 53장은 메시야, 예수 그리스도께서 십자가에서 어떤 고난을 받을 것과 그 십자가의 고난으로 얻게 될 구속의 은혜를 생생한 그림으로 그려 주고 있습니다.

⑥ 예레미야

예레미야 선지자는 이스라엘의 멸망을 슬퍼하여 눈물로 하나님께 기도하고 백성들의 회개를 촉구하였습니다.

이사야 선지자와 함께 이스라엘의 멸망을 경고하고 하나님의 징계를 전 하면서 이스라엘의 비참한 모습을 눈물로 그려내었습니다. 눈물의 선지자라 합니다.

⑦ 다니엘

바벨론 포로로 잡혀간 다니엘이 정복자 느부갓네살 왕 앞에서 조금도 굽히지 않고 하나님을 경외하고 천지의 대 주재 하나님을 분명하게 전하였습니다.

그에 대한 벌로 사자굴에 던져졌으나 사자들에게 물리지 않았으며 그의 세 친구들도 극렬히 타는 풀무 불에 던져졌으나 타죽지 않고 하나님을 당당하게 전하였습니다. 결국 바벨론 왕 느부갓네살도 하나님께서 천지의 대주재이심을 선포하였습니다.

5. 예수 그리스도의 오심

1) 선민 이스라엘의 그릇된 메시야관

아담의 첫 범죄 후 인류는 죄와 사망 가운데서 소망이 없는 존재였으나 하나님께서 구원의 언약을 하시고 구속사를 통하여 그의 백성들을 구원하셨습니다.

아담에게 가죽옷을 지어 입히시고 여자의 후손이 마귀의 머리를 상하게 하실 것이라는 선언 이후 아브라함에게 약속하신 언약, 구원의 정점, 예수 그리스도께서 성육신하여 이 낮은 땅에 오신 것입니다.

예수께서 오실 당시 이스라엘은 로마의 통치하에 있었으며 이스라엘의 지도자들은 율법의 본의에서 멀리 벗어나 사람의 생각과 지혜, 종교적인 악습에 빠져 있었습니다.

메시야관도 현세적인 정경(政經) 메시야관을 가지고 있었습니다. 그러므로 메시야 예수께서 오셨는데도 알아볼 수 없었습니다. 그리하여 십자가에 못 박는 무섭고 참혹한 죄악을 저지른 것입니다. 그 형벌로 AD 70년 로마로부터 잔인한 심판을 받게 되었습니다.

2) 이스라엘 역사의 끝

이스라엘의 선민 역사는 끝난 것입니다. 종 되었던 애굽에서 건져 내신 여호와 하나님의 거룩한 통치를 외면하고 이스라엘에게 주신 거룩한 사명을 망각하고 세상 나라처럼 우상을 섬기고 도덕적으로 타락하여 하나님을 떠난 것입니다. 성경은 이스라엘 선민역사의 심판을 다음 같이 기록하였습니다.

"이스라엘 자손이 자기를 애굽에서 인도하여 내사 애굽왕 바로의 손에서 벗어나게 하신 그 하나님 여호와께 죄를 범하고 또다른 신들을 경외하며 여호와께서 이스라엘 자손 앞에서 쫓아내신 이방 사람의 규례와 이스라엘 여러 왕의 세운 규례를 행하였음이라" 〈열왕기하 17:7~8〉

이스라엘의 역사는 끝나고 새로운 역사가 시작된 것입니다.

3) 예수 그리스도의 구원

인류의 역사는 예수께서 오심으로 새로운 역사가 시작되었습니다.

세계 만방에 그리스도의 구원의 소식이 전하여지고 하나님 나라의 증거로서 교회가 서게 되었습니다. 모든 인류가 그리스도의 구원을 알고 믿을 수 있는 기회가 주어졌습니다. 예수의 제자들은 자기들이 보고 듣고 겪은 사실을 이스라엘 밖의 세상에 전하기 시작하였습니다. 예수께서 하늘에 오르신 후 약 50년 동안 사도들은 특별 계시를 받아 그리스도의 구원의 소식을 전하고 교회를 세웠습니다. 초대 교회가 선 후 2천 년 동안 전 인류에게 복음의 진리가 전하여졌습니다. 사람들의 역사가 끝날 때 예수께서는 다시 오시어 새하늘 새땅을 통치하실 것입니다. 아멘 주 예수여 어서 오시옵소서!

별은
늘 하늘에 있고
나는
늘 땅에 있다

별을 보면 슬프다
나는 땅을 떠날 수 없고
별은 하늘에 매달려
늘 닿지 않는다

나는 별이 좋은데
가까이 갈 수 없다
별이 매달린 하늘
땅에 서 있는 나
그 사이는 슬픔이다
그렇게 큰 슬픔이 세상 어디에 있는가?

| 하나님과 사람 |

하나님이 가라사대

우리의 형상을 따라

우리의 모양대로

우리가 사람을 만들고

그로 바다의 고기와

공중의 새와

육축과

온 땅과

땅에 기는 모든 것을

다스리게 하자

창세기 1:26

하나님과 사람

1. 하나님께서 사람에게 주신 복

하나님께서 창조의 일을 마치시고 만드신 모든 걸 보시고 기뻐하고 좋아하셨습니다. 특히 사람은 하나님의 형상대로 지으시고 복을 주셨습니다.

"우리의 형상을 따라 우리의 모양대로 우리가 사람을 만들고 그로 바다의 고기와 공중의 새와 육축과 온 땅과 땅에 기는 모든 것을 다스리게 하자 하시고 하나님이 자기 형상 곧 하나님의 형상대로 사람을 창조하시되 남자와 여자를 창조하시고 하나님이 그들에게 복을 주시며 그들에게 이르시되 생육하고 번성하여 땅에 충만하라, 땅을 정복하라, 바다의 고기와 공중의 새와 땅에 움직이는 모든 생물을 다스리라

하시니라." 〈창세기 1:26~28〉

하나님께서 사람에게 하나님이 만드신 모든 것을 다스리는 통치권을 주셨습니다. 얼마나 큰 사랑이며 은혜이며 복입니까? 그 복의 의미를 첫 사람 아담은 잘 알았겠지만 하나님을 멀리 떠난 사람들은 하나님께서 주신 복과 은혜를 깨닫지도 못하고 감사하지도 않습니다. 만약 하나님께서 다른 존재에게 만물을 다스리라는 복을 주시고 사람은 그 존재의 다스림을 받게 하였다면 어떻게 되었을까요? 생각만 해도 끔찍한 일이 아닙니까? 만물을 다스리는 통치권 부여는 전적으로 하나님의 뜻입니다.

하나님께서는 사람에게 만물을 다스리라는 복을 주시고, 그 만물을 하나님께서 만드신 창조 목적에 맞게 다스리라고 하셨습니다. 창조 목적에 맞게 다스리는 것은 하나님의 영광을 나타내고 하나님의 뜻을 이루는 것입니다.

첫 사람 아담과 모든 인류는 하나님의 창조 본의와 목적을 이루는 데 존재 의미가 있습니다. 그러나 그 사실을 망각하고 하나님의 뜻을 따르지 않고, 하나님의 뜻에 맞지 않게 만물을 다스리게 되면,

첫째는 하나님의 은혜와 선의를 배반하는 것이요,

둘째는 창조질서를 무너뜨리게 되는 결과로 재앙이 올 것이요.

셋째는 하나님께서 사람에게 주신 복을 거두게 될 것입니다.

사람은 하나님께서 지으신 광대한 우주의 질서와 세상 만물에 대하여 아는 것이 지극히 미미할 뿐이며 능력도 한계가 있습니다.

하나님은 창조주시요 사람은 하나님께서 지으신 피조물입니다. 하나님을 떠난 사람들은 이 사실도 거부하려 합니다. 엄연한 사실을 부인하는 몰염치하고 무지한 모습입니다. 마치 자기를 낳아준 부모를 인정하지 않는 것과 같습니다.

하나님께서 사람을 창조하신 목적은 하나님께서 원하시는 선한 일을 하라고 하신 것입니다. 선의 기준은 하나님 입니다. 사람이 아닙니다.

사람이 선하다고 하는 것 가운데는 하나님의 뜻을 거스려 악한 것이 되는 경우가 많습니다.

"우리는 그의 만드신 바라 그리스도 예수 안에서 선한 일을 위하여 지으심을 받은 자니 이 일은 하나님이 전에 예비하사 우리로 그 가운데서 행하게 하려 하심이니라" 〈에베소서 2:10〉

"옳다 인정함을 받는 자는 자기를 칭찬하는 자가 아니요 오직 주께서 칭찬하시는 자니라" 〈고린도후서 10:18〉

2. 하나님의 명령 – 언약

첫 사람 아담은 만물을 다스리고 생육하고 번성하는 복을 받았고 모든 나무의 실과를 먹게 되었습니다. 또한 하나님께서는 사람과의 관계와 질서를 세우기 위하여 하나님의 명령을 지키라고 하셨습니다.

"여호와 하나님이 그 사람(아담)을 이끌어 에덴 동산에 두사 그것을 다스리며 지키게 하시고 여호와 하나님이 그 사람에게 명하여 가라사대 동산 각종 나무의 실과는 네가 임의로 먹되 선악을 알게 하는 나무의 실과는 먹지 말라 네가 먹는 날에는 정령 죽으리라" 〈창세기 2:15~17〉

창조주 하나님과 피조물인 사람의 관계와 질서를 위하여 '선악을 알게 하는 나무의 실과'는 먹지 말라고 하셨습니다. 먹지 않으면 죽지 않고 하나님과 영원히 아름다운 관계를 가지게 되었습니다. 생명나무 열매를 먹게 하였을 것입니다.(계시록 22:14) 그뿐만 아니라 창조 목적에 맞게 문화 명령을 잘 이행하고 하나님의 언약을 지키면 더욱 영화로운 상태, 즉 예수 그리스도의 분량에 이르게 되었을 것입니다.

"여호와 하나님이 그 땅에서 보기에 아름답고 먹기에 좋은 나무가 나게 하시니 동산 가운데에는 생명나무와 선악을 알게 하는 나무도 있더라" 〈창세기 2:9〉

3. 하나님의 명령을 어김

사람은 하나님께서 위임한 사명을 충실하게 수행하여야 했습니다. 그러나 아담과 하와는 사람의 본분과 사명을 망각하고 하나님의 말씀을 따르지 않고 사탄의 말을 따랐습니다.

선악을 알게 하는 나무의 실과를 먹지 않는 것과 먹는 것은 단순한 차이입니다. 실과가 얼마든지 있었기 때문에 배고프지도 않고 하나님께서 먹지 말라 했으니 먹지 않으면 되는 것이었습니다. 먹고 안 먹는 행위의 차이는 간단하지만, 먹지 말라는 과실을 먹은 동기와 의지와 행위는 간단한 문제가 아니었습니다. 하나님의 말씀을 가볍게 여기고 무시하고, 무엇보다 하나님과 같이 되려는 허망한 욕심에 사로잡혀 하나님의 말씀을 어기고 하나님과의 관계를 허물고 하나님께 도전하는 행동을 한 것입니다.

설사 하나님께서 당신의 자리를 양보하신다 할지라도 사람은 하나님의 자리를 단 1초도 지키거나 유지할 수 없는 존재입니다. 광대한 우주는 고사하고 지구를 단 1분이라도 경영할 수 있는 능력이 없는 존재입니다. 그러한 사람의 본분과 위치를 망각하고 하나님의 명령을 어기고 선악을 알게 하는 나무의 실과를 먹었습니다. 그리하여 하나님께서 **"정녕 죽으리라"** 선언하신 대로 사람은 죽게 되었습니다.

4. 원죄

첫 사람 아담이 하나님과 맺은 약속을 어긴 죄를 신학에서는 원죄라고 합니다.

하나님의 명령(언약)을 어긴 아담의 후손인 모든 인류는 그리하여 죄에 빠지게 되었고 사람들의 세상에는 갖가지 죄와 악이 가득하게 되었습니다. 일반 생육법(生育法)에 의하여 태어난 모든 인류는 아담의 첫 범죄의 책임을 가지게 되었습니다. 시조 아담의 죄로 말미암아 모든 사람은 죄 중에서 태어나고 죄 속에서 살다가 죗값인 사망에 이르게 되었습니다.

또한 하나님께서는 절대의(絕對義)의 속성이 있기 때문에 죄의 책임은 죽음으로만 끝나지 않고 죄의 책임을 묻게 됩니다. 죄에 빠지지 않았으면 하나님의 영광에 이를 수 있다는 언약을 하셨기 때문에 하늘의 영광에 반대되는 지옥의 형벌을 받게 됩니다. 상과 벌의 상대성과 심판의 상응성을 말합니다.

"이러므로 한 사람으로 말미암아 죄가 세상에 들어오고 죄로 말미암아 사망이 왔나니 이와 같이 모든 사람이 죄를 지었으므로 사망이 모든 사람에게 이르렀느니라" 〈로마서 5:12〉

"아담 안에서 모든 사람이 죽은 것같이 그리스도 안에서 모든 사람이 삶을 얻으리라" 〈고린도전서 15:17〉

5. 원죄의 결과

1) 하나님과의 관계가 무너졌습니다

"하나님이 그 사람을 쫓아내시고 에덴동산 동편에 그룹들과 두루 도는 화염검을 두어 생명 나무의 길을 지키게 하시니라" 〈창세기 3:24〉

에덴 동산에서 쫓겨나고 생명에 이르는 길이 차단되고 죽음에 이르게 되었습니다. 사람은 하나님 없이 살 수 있는 존재가 아닙니다. 하나님과 친하고 원만하고 정상적인 관계를 가져야 사람의 본질이 정상으로 유지되고 그 가치가 발휘되는 것입니다. 하나님으로부터 쫓겨나 멀어진 것은 사람의 가치를 잃은 것입니다. 사람에게 가장 큰 불행이요, 슬픔이요, 무서운 일입니다.

2) 평생 고생하며 살다가 결국 죽게 되었습니다

인생은 수고와 고통의 연속이 되었습니다.

"내가 너더러 먹지 말라 한 나무 실과를 먹었은즉 땅은 너로 인하여 저주를 받고 너는 종신토록 수고하여야 그 소산을 먹으리라. 땅이 네게 가시덤불과 엉겅퀴를 낼 것이라 너의 먹을 것은 밭의 채소인즉 네가 얼굴에 땀이 흘러야 식물을 먹고 필경은 흙으로 돌아가리니"

〈창세기 3:17~19〉

6. 하나님을 떠난 죄

죄는 하나님을 떠나 하나님을 섬기지 않는 것입니다.

사람을 하나님의 형상대로 특별하게 지으신 것은 하나님께서 사랑의 대상으로 삼으시고 하나님의 영광을 나타내게 하려 하신 것입니다. 하나님의 영광과 사랑의 대상으로 존재하게 하기 위하여 주신 이성을 사용하여 오히려 하나님을 대적한 사탄의 말을 듣고 하나님의 언약을 무시하고 어겼습니다. 그리하여 하나님과 사람의 관계가 어그러지고 사람은 하나님을 떠나게 되었습니다.

그 결과 사탄의 휘하에 놓이게 된 사람은 하나님의 심판을 받게 되어 죽음에 이르고 이 땅에 사는 동안 갖은 고통과 비참한 상태에 빠지게 되었습니다.

'하나님께 죄를 고백하고 회개하라!'고 사람들에게 말하면 '나는 죄를 지은 일이 없다!'고 합니다. 사회와 국가에서 정한 도덕률이나 법률을 어기지 않았다는 말입니다. 하나님의 법을 모르고 하나님의 법을 어긴 것을 모르기 때문입니다. 하나님을 모르고 하나님의 법을 어긴 것을 모르는 것은 무식의 극치 입니다. 하나님을 모르는 무식은 큰 죄입니다.

"저희가 마음에 하나님 두기를 싫어하매 하나님께서 저희를 그 상실한 마음대로 내어 버려두사 합당치 못한 일을 하게 하셨으니 곧 모든 불의 추악, 탐욕, 악의가 가득한 자요 시기, 살인, 분쟁, 사기, 악독이 가득한 자요 수근수근하는 자요 비방하는 자요 하나님의 미워하시는 자요, 악을 도모하는 자요, 능욕하는 자요, 교만한 자요, 자랑하는 자요, 부모를 거역하는 자요, 우매한 자요, 배약하는 자요, 무정한 자요, 무자비한 자라." 〈로마서 1:28~31〉

하나님을 떠나게 되어 사람에게 들어온 죄와 악의 모습들을 살펴 봅시다.

1) 미움, 시기, 질투

미움, 시기, 질투는 본성이라 생각하여 도덕률이나 규범률에서는 죄라고 하지 않습니다. 하나님께서 만드신 사람은 다른 사람의 인격과 가치를 귀중하게 여기고 다른 사람에게 나보다 나은 점이 있으면 기뻐하고 즐거움을 같이 나눌 때 행복하게 되어 있습니다. 그러나 사람은 미움, 시기, 질투 쪽으로 기울어져 다른 사람이 나보다 나으면 불편합니다. 사람 사이의 모든 죄는 미움, 시기, 질투에서 시작됩니다. 죄의 씨입니다.

"여호와께서 아벨과 그 제물은 열납하셨으나 가인과 그 제물은 열납하지 아니하신지라 가인이 심히 분하여 안색이 변하니 여호와께서 가인에게 이르시되 네가 분하여 함은 어찜이며 안색이 변함을 어찜이뇨 네가 선을 행하면 어찌 낯을 들지 못하겠느냐 선을 행치 아니하면 죄가 문에 엎드리느니라" 〈창세기 4:4~7〉

2) 거짓, 사기, 도둑, 강도

다른 사람을 존중하며 더불어 화목하게, 따뜻한 사랑을 나누며 사는 것이 사람의 정도(正道)입니다. 자기 중심이 되고 자기 이익을 도모하기 위하여 남에게 피해를 주는 행위는 사회질서를 파괴하기 때문에 규범률에서도 죄로 정하고 있습니다. 그러나 거짓, 사기, 도둑, 강도는 규범률 이전의 도덕률 문제이며, 도덕률 이전의 양심에 저촉되는 죄입니다. 그러나 사람의 양심이란 시대나 상황에 따라 가변적(可變的)이기 때문에 양심이 기본이 될 수 없습니다. 이 죄목들은 하나님을 떠났기 때문에 발생하는 죄입니다. 하늘의 하나님께서 늘 내려다보고 있다는 것을 생각하면 비록 사람을 속일지라도 하나님을 속일 수 없다는 것을 알 것입니다. 그러므로 거짓, 사기, 도둑, 강도는 사람만 속이는 것이 아니라 하나님을 속이려는 죄입니다.

3) 탐욕, 불만, 불평

탐욕은 모든 죄의 근원입니다. 순진무구한 어린 아기 때부터 사람의 탐욕은 나타납니다. 늙어서 힘이 없고 낙이 없다고 할 때도 탐욕은 사라지지 않습니다. 욕심은 사람을 추하게 만듭니다. 내가 갖지 않으면 다른 사람이 가지니까 내가 가지고 집에 쌓아 놓았다가 버리는 것이 사람들의 모습입니다. 가진 사람은 더 가지려고 합니다. 더 가지려고 더 가지려고 싸우는 것이 인생입니다.

"각 사람이 시험을 받는 것은 욕심에 끌려 미혹됨이니 욕심이 잉태한 즉

죄를 낳고 죄가 장성한 즉 사망을 낳느니라" 〈야고보서 1:15〉

4) 비방, 분리, 능욕, 싸움

따뜻한 마음으로 남을 배려하고 사람의 가치를 인정하여 더불어 화목하게 지내기보다는 남의 조그만 잘못을 크게 말하고 끼리끼리 편을 가르고 욕하고 싸우는 것이 사람입니다. 남의 허물을 덮어 주기보다 들춰내려는 것이 사람들의 모습입니다. 사람들 사이에는 늘 싸움이 있습니다. 남을 누르고 이겨야 하기 때문입니다. 남을 이겨서 얻는 쾌감이 얼마나 악한 것인가를 생각하지 않습니다. 자기 몫은 뺏기지 않으려고 안간힘을 쓰면서 남을 무너뜨리고 남의 몫을 빼앗고 편을 갈라서 집단 이기주의에 빠지고 싸우고 싸우는 것이 사람의 악한 모습입니다.

"육체의 일은 현저하니 곧 음행과 더러운 것과 호색과 우상숭배와
술수와 원수를 맺는 것과 분쟁과 시기와 분냄과 당짓는 것과 분리함과
이단과 투기와 술취함과 방탕함과 또 그와 같은 것들이다"

〈갈라디아서 5:19〉

5) 음행(간음, 동성애, 호색)

첫 사람 아담은 하나님께서 하와를 주셨을 때 "이는 내 뼈 중에 뼈요 살 중에 살이라" 하면서 기뻐하였습니다. 그러한 아담이 범죄한 후에 하나님께서 어찌하여 선악을 알게 하는 실과를 먹었느냐 물었을

때 "하나님께서 내게 주셔서 나와 함께 하게 한 그 여자가 내게 주므로 내가 먹었나이다." 라고 말합니다. 아담은 하나님의 명령(언약)을 하와에게 잘 가르쳐서 사탄의 꾐에 빠지지 않도록 했어야 하는 자기의 책임을 하나님과 자기 아내 하와에게 전가하는 비겁한 사람이 되었습니다. 부부는 영혼과 육체의 결합입니다. 육체가 더러워지면 영혼도 더러워집니다. 영혼이 더러워지면 육체도 더러워집니다.

하나님께서 주신 혼인 제도는 고귀하고 신성하며 세상에서 가장 아름다운 것입니다. 신비롭고 아름답고 순결한 부부 사이 외에 음행이 끼어들면 영혼도 육체도 가장 더러워집니다.

사람이 가장 빠지기 쉽고 강하게 유혹받는 범죄가 음행입니다.

음행 가운데서 가장 추악한 것은 동성애입니다. 짐승도 암수를 구별할 줄 아는데 짐승보다 못한 죄에 빠지는 것이 동성애입니다. 소돔 고모라는 동성애가 심하여 유황불이 쏟아 졌습니다.

6) 살인, 능욕

살인이 끔찍한 죄라는 것은 모든 사람이 본능적으로 잘 알고 있습니다. 인류 최초의 살인은 아담의 아들 가인이 그의 동생 아벨을 죽인 것입니다. 그 후 인류 역사는 살인으로 점철되어 왔습니다. 끊임 없는 살인은 어제도 오늘도 일어나고 있습니다. 도덕률과 규범률로 막으려 해도 막을 수가 없습니다.

예수께서는 이렇게 가르치셨습니다.

"누구든지 살인하면 심판을 받게 되리라 하였다는 것을 너희가 들었으나 나는 너희에게 이르노니 형제에게 노하는 자마다 심판을 받게 되고 형제를 대하여 라가라 하는 자는 공회에 잡히게 되고 미련한 놈이라고 하는 자는 지옥 불에 들어가리라" 〈마태복음 5:22〉

살인 행위를 하게 되면 규범을 범하는 것이 되고, 살의를 가지는 것은 양심과 도덕률에 저촉됩니다. 살인 행위나 살의는 사람의 가치를 무시하고 하나님께서 사람을 얼마나 귀하게 여기시는가를 모르는 데서 비롯됩니다. 사람은 하나님의 형상이요 하나님께서는 한 사람의 생명을 천하보다 귀하게 여기십니다. 하나님께서 사람을 귀하게 여기시는데 사람이 사람을 무시하는 데서 살인은 시작됩니다.

7) 불효, 거역, 배반, 배역

하나님께서 모든 사람은 부모를 통하여 생명을 받도록 하셨습니다. 사람은 부모를 통하여 생명을 받고 부모의 양육으로 자라고 부모의 교육으로 사람 구실을 하게 됩니다.

부모를 통하여 하나님을 배우고 자녀는 부모를 공경함으로 하나님을 경외하는 것을 배우고 실현하는 것입니다. 부모와 자식의 관계는 하나님께서 세운 법이요 질서입니다. 부모가 자녀를 사랑하듯 자녀도 부모를 공경하고 사랑하는 것이 자연스럽고 당연한 것인데 죄가 들어온 세상은 그렇지가 않습니다. 사람이 은혜를 모르고 은혜를 당연히 받아야 하는 것으로 여기기 때문입니다. 구약에서는 부모를 거역하고 부모에게 폭언이나 폭행을 할 경우 돌로 쳐죽이라고 하였습니다.

"자녀들아 너희 부모를 주 안에서 순종하라 이것이 옳으니라 네 아버지와 어머니를 공경하라 이것이 약속 있는 첫 계명이니 이는 네가 잘 되고 땅에서 장수하리라" 〈에베소서 6:1~2〉

8) 술 취함, 방탕, 게으름

인생은 시간입니다.

생명과 시간은 하나님의 영광을 바라보며 하나님을 경외할 때 그 가치가 가장 바르고 아름답게 발휘되는 것입니다.

인생을 낭비하면 만회할 기회가 없습니다. 술 취하고 방탕하고 게으른 것은 생명을 주신 하나님께 거스르는 것이요 부모를 괴롭게 하고 가족과 이웃에게 피해를 주는 것입니다. 성실하게 열심히 살아도 인생은 길지 않습니다. 인생은 결코 길지 않습니다. 사람들은 인생을 거의 무가치하고 무의미하게 낭비합니다. 술, 방탕으로 자기를 학대하며 삽니다. 하나님을 떠난 인생은 목표가 없기 때문에 표류하고 방황하는 것입니다.

"술 취하지 말라 이는 방탕한 것이니 오직 성령의 충만을 받으라" 〈에베소서 5:18〉

9) 무지

무지한 것도 죄이며 악입니다. 하나님을 모르면 우주와 그 안에 있는 만물에 대하여 모르는 것입니다. 하나님께서 모든 것을 만드셨으므로 하나님께서만 만물의 근원과 내용과 목표를 알고 계십니다. 사람이 만물에 대하여 바로 알고 하나님의 하시는 일을 배우려면 하나님을 아는 총명이 있어야 합니다.

"여호와를 경외하는 것이 지식의 근본이라……" 〈잠언 1:7〉

사람들은 철학이 지식의 근본이라고 생각하지만 철학은 하나님께서 만드신 사물이나 사실에 대하여 연구하는 학문에 불과합니다. 철학에서는 만물의 근원에 대하여 알 수 없습니다.

고대 그리스 시대로부터 지금까지 서양 철학은 현상 인식과 이해, 경험에 대한 논리입니다. 동양 철학 역시 하나님께서 만드시고 섭리하시는 현상에 대한 인간의 사색입니다.

개혁 신학자 칼빈 선생은 "모든 지식은 신지식(神知識)에 귀일(歸一)한다"고 하였습니다.

하나님을 모르는 것은 죄이며 어둠입니다.

10) 난리, 재해, 재앙, 전쟁

난리, 재해, 재앙, 전쟁 모두 사람들의 정상적인 생활을 파괴하며 생명을 앗아가는 무서운 악입니다.

이러한 악은 사람들이 만들어 내고 불러들이는 것입니다. 작은 죄들이 모여서 죄의 힘을 키운 결과이고, 죄악에 무디어지고 면역이 된 사람들이 만들어 내는 인류 공동의 죄이며 악입니다. 한두 사람의 힘으로 막을 수 없는 무서운 악입니다. 한 사람 한 사람이 죄를 멀리하고 악을 미워하며 선을 행하고 의를 추구하여야 해결되고 막을 수 있는 무서운 세력입니다. 하나님께서 유지시켜야 할 가치가 있다고 인정하여야 그 사회나 국가의 안정이 유지되는 것입니다. 죄악이 가득한 사회와 나라는 역사가 진행되는 동안에도 심판을 하십니다.

11) 질병, 사망

모든 사람은 태어나면서부터 평생 동안 질병과 싸우면서 죽음을 향하여 살아갑니다. 인류의 가장 큰 문제이며 과제이나 누구도 해결하지 못한 최대, 최고의 악입니다. 사람 사회는 남녀노소 빈부귀천의 차이가 있으나 질병과 사망은 구분이 없고 예외없이 다가옵니다. 하나님을 떠난 죗값입니다.

예수께서는 이 땅에 오셔서 병든 자들을 고쳐 주심으로 질병이 없는 하나님 나라, 죽음에서 부활하심으로 영생을 친히 보여 주시고 그의 백성들에게 확증하여 주셨습니다.

12) 우상 숭배

"너를 위하여 새긴 우상을 만들지 말고 또 위로 하늘에 있는 것이나 아래로 땅에 있는 것이나 땅 아래 물 속에 있는 것의 아무 형상이든지 만들지 말며 그것들에게 절하지 말며 그것들을 섬기지 말라"

〈출애굽기 20:4~5〉

사람들은 하나님을 떠나 불안하게 되었습니다.

그리하여 초월적 존재에게 의지하려는 본능으로 하나님 대신 다른 신적 존재를 찾거나 만들어 그것을 의지합니다. 하나님 대신에 다른 존재를 의지하는 것을 우상 숭배라 합니다. 우상은 사람의 필요에 의해 사람을 위해 사람이 만든 것입니다. 사람이 중심이 되는 것입니다. 오늘날은 돈이 우상이 되었습니다.

"그 생각이 허망하여지며 미련한 마음이 어두워졌나니 스스로 지혜 있다 하나 우준하게 되어 썩어지지 아니하는 하나님의 영광을 썩어질 사람과 금수와 버러지 형상의 우상으로 바꾸었느니라" 〈로마서 1:21~23〉

하늘의 별은 몇 광년 흘러 땅에 이르고
먼 데 동방에서 박사들 경배하러 왔다
천사들 목동에게 기쁜 소식 전하고
하늘에서 천군 천사 노래하였다
"지극히 높은 곳에서는
하나님께 영광이요
땅에서는
기뻐하심을 입은 사람들 중에
평화로다"
그러나
어둠과 죄악에 묻혀있는 사람들
잠에 빠져 있었다.
그리스도 오시는 밤에

| 그리스도 예수 |

그가 찔림은 우리의 허물을 인함이요

그가 상함은 우리의 죄악을 인함이라

그가 징계를 받음으로

우리가 평화를 누리고

그가 채찍에 맞음으로

우리가 나음을 입었도다

우리는 다 양 같아서

그릇 행하여 각기 제길로 갔거늘

여호와께서는

우리 무리의 죄악을

그에게 담당시키셨도다

이사야 53: 5~6

그리스도 예수

1. 예수 그리스도는 누구인가?

예수 그리스도는 하나님이 사람으로 오신 분입니다. 성삼위, 성자 하나님입니다. 신성과 인성을 가진 분으로 그의 백성을 죄와 사망에서 건지신 인류의 구주입니다.

예수는 "그의 백성을 저희의 죄에서 건지는 자"라는 뜻의 이름입니다.
그리스도는 선지자, 제사장, 왕의 뜻을 가진 직함입니다.
선지자는 하나님의 말씀을 전하고 가르치는 일을 합니다.
제사장은 대속 제물로 자신을 십자가에서 드린 것을 말합니다.
왕은 온 우주와 인류를 통치하는 권세를 가진 존재를 말합니다.

세상은 예수를 믿는 사람과 믿지 않는 사람으로 양분됩니다. 예수 그리스도를 믿는 것과 믿지 않는 것은 단순히 기독교, 종교 하나를 가진 것과 가지지 않은 차이가 아닙니다. 삶의 내용과 질이 다르고 인생의 결과가 다르게 됩니다.

예수 그리스도에 대하여 바르게 배우고 아는 일은 매우 중요합니다. 모든 사람에게 선택의 문제가 아니라 필수의 과제입니다.

예수 그리스도를 바르게 배우고 아는 길은 무엇인가?
예수 그리스도에 관한 지식은 연구의 대상이 아닙니다. 창의적인 대상은 더욱 아닙니다. 예수 그리스도에 관한 바른 지식을 가지려면 오직 성경에서 배워야 합니다. 〈구약성경〉에서는 메시야를 기다리면서 장차 올 메시야에 대하여 생생하게 기록하고 있으며 예수께서도 자신을 지칭한 성경에 대하여 가르치셨습니다. 〈신약성경〉 복음서에서 예수님께서는 친히 "나를 본 자는 하나님을 보았느니라" 하시면서 자신을 하나님과 동격이며 동등이심을 분명하게 말씀하고 있습니다. 즉 사람으로 오셨으나 신적인 존재임을 분명하게 선언하셨습니다.

하나님께서 통치하신 4천 년의 구속 역사를 통하여 흐르는 주류의 신학에서 가르치는 기독론(예수 그리스도)을 배워야 합니다. 그릇되게 배우거나 가르치면 무섭고 두려운 결과에 이르게 됩니다.

2. 예수님의 생애

예수는 2천 년 전 이스라엘 선민 역사 마지막에 유대 베들레헴에서 탄생하셨습니다. 예수는 "그의 백성을 저희 죄에서 구원할 자"라는 뜻을 가진 이름입니다. 예수의 탄생은 모든 인류의 일반적인 출생 방식과는 다르게 동정녀 마리아에게서 성령으로 잉태되어 사람의 몸으로 태어난 것입니다. 삼위일체 하나님의 제 3위 성령의 능력으로 제 2위 성자 예수께서 제 1위 하나님의 뜻을 이루시려고 사람으로 오신 것입니다.

예수의 동정녀 탄생은 과학이란 잣대에 익숙하고 제한적인 인식 기능을 가진 사람들이 이해하기가 매우 어렵습니다. 그러나 천지를 지으시고 섭리하시는 하나님께서 구원의 은혜를 베푸시려고 하나님의 뜻과 방법으로 하신 일입니다. 과학이 하나님의 섭리 근거가 될 수 없습니다.

예수께서는 30세 쯤부터 공생애를 시작하셨습니다.
그의 공생애는 "회개하라 천국이 가까이 왔느니라"는 가르침으로 시작하였습니다. 하나님을 떠난 죄인들에게 회개하고 하나님께로 돌아오라고 가르치면서 예수께서는 자신이 하나님의 아들이며 그리스도임을 선언하셨고 하나님을 친히 계시한다고 하셨습니다.

"나를 본 자는 아버지를 보았거늘 어찌하여 아버지를 보이라 하느냐

나는 아버지 안에 있고, 아버지는 내 안에 계신 것을 네가 믿지 아니하느냐"〈요한복음 14:9~10〉

"나와 아버지는 하나이니라"〈요한복음 10:30〉

이렇게 예수께서는 자신이 곧 하나님이심을 선언하셨습니다. 공생애 3년 동안 열두 제자와 예수를 따르는 많은 사람들에게 하나님 나라를 가르치고 그 나라는 죄와 악이 없고 가난과 질병이 없는, 의와 선으로 가득한 나라임을 말씀하고 증거하셨습니다. 공생애 마지막에는 자신이 그리스도임을 선언하시고 십자가에서 그의 백성들이 받아야 할 지옥 형벌을 대신 받고 죽으셨습니다.

장사 지낸 후 사흘 날에 부활하시어 40일 동안 제자들과 지내시다가 땅 끝까지 천국 복음을 전하라는 대사명을 주시고 제자들이 보는 데서 하늘로 올라가셨습니다.

하늘에 오르신 후 성령을 보내셔서 교회를 세우게 하시고 지금도 하나님 우편에서 온 우주를 다스리며 그의 백성들을 위하여 기도하고 계십니다. 인류 역사의 마지막에는 심판의 왕으로 오실 것입니다. 그의 백성은 생명의 부활로 영원한 나라에서 하나님과 영생을 누리게 되고, 믿지 아니하는 자는 심판의 부활로, 영원한 지옥 형벌을 받게 될 것입니다.

3. 예수님의 가르침

1) 예수께서 하나님을 계시함

공생애 3년 제자들과 유대인들에게 하나님을 계시하였습니다. 예수께서 당신을 본 자는 하나님을 보았다고 하셨습니다.

"내 아버지께서 모든 것을 내게 주셨으니 아버지 외에는 아들을 아는 자가 없고 아들과 또 아들의 소원대로 계시를 받는 자 외에는 아버지를 아는 자가 없느니라" 〈마태복음 11:27〉
"본래 하나님을 본 사람이 없으되 아버지 품 속에 있는 독생하신 하나님이 나타내셨느니라" 〈요한복음 1:18〉

예수 그리스도께서 성육신하여 사람의 말과 사람의 위치에서 하나님을 가르치고 나타냄으로 우리가 하나님을 알게 된 것입니다. 예수께서 사람의 몸을 입고 오지 않았다면 인류는 하나님을 알 수도 만날 수도 없었을 것입니다. 사람은 하나님을 멀리 떠나 하나님을 잊어버렸으므로 찾거나 알아볼 수 있는 총명이 없어졌으며 무서운 하나님을 감히 부를 수도 만날 수도 없기 때문입니다. 하나님을 모르는 것은 무지한 일이요 비참한 일이요 무서운 일입니다.

2) 예수님의 교훈

예수께서는 제자들에게 하나님 나라의 교훈을 가르치셨습니다.

하나님의 백성이 마땅히 알고 행하여야 할 것을 가르치셨습니다. 하나님의 백성이 갖추어야 할 품성과 도덕성에 대하여 가르치시고 그 나라 백성이 받게 되는 복과 구원을 친히 보이고 가르치셨습니다.

예수님의 가르침 중의 하나인 산상보훈 〈마태복음〉 5~7장은 하나님 나라 백성이 하나님 앞에서 마땅히 갖추어야 할 품성과 도덕성을 가르치고 있습니다.

"심령이 가난한 자는 복이 있나니 천국이 저희 것임이요
애통하는 자는 복이 있나니 저희가 위로를 받을 것임이요
온유한 자는 복이 있나니 저희가 땅을 기업으로 받을 것임이요
의에 주리고 목마른 자는 복이 있나니 저희가 배부를 것임이요
긍휼히 여기는 자는 복이 있나니 저희가 긍휼히 여김을 받을 것임이요
마음이 청결한 자는 복이 있나니 저희가 하나님을 볼 것임이요
화평케 하는 자는 복이 있나니 저희가 하나님의 아들이라 일컬음을 받을 것임이요
의를 위하여 핍박을 받은 자는 복이 있나니 천국이 저희 것임이라"
〈마태복음 5:3~10〉

3) 예수를 믿고 따름

예수님의 행적과 속죄 사역을 믿을 뿐만 아니라 예수께서 가르치신 말씀을 배우고 따르는 것이 온전한 믿음입니다. 이 땅에서 예수 그리스도를 믿고 그의 말씀을 따르는 자가 구원받은 자입니다.

신자는 자기를 부인하고 성령을 의지하여 오직 하나님의 영광만
을 바라보고 나아가야 합니다.

"너희는 먼저 그의 나라와 그의 의를 구하라" 〈마태복음 6:33〉
"아무든지 나를 따라오려거든 자기를 부인하고 자기 십자가를 지고 나를
좇을 것이니라" 〈마태복음 16:24〉
"네 마음을 다하고 목숨을 다하고 뜻을 다하여 주 너의 하나님을
사랑하라 하셨으니 이것이 크고 첫째되는 계명이요 둘째는 그와 같으니
네 이웃을 네 몸과 같이 사랑하라 하였으니 이 두 계명이 온 율법과
선지자의 강령이니라" 〈마태복음 22:37~39〉

구원을 받은 사람은 마땅히 예수의 말씀에 따라 하나님을 사랑
하고 이웃을 사랑해야 합니다.

4. 예수 그리스도의 구원

1) 구원이란 무엇인가?

구원의 사전적 의미는 위험이나 곤경에 빠져 있는 상황에서 외부의 도움 로 벗어나는 것입니다. 기독교의 구원(Salvation)은 예수께서 죄와 사망에서 그의 백성을 건져 내신 것을 말합니다. 구원한 백성에게 새 생명을 주어 하나님과 화목시키고 영원히 살게 하는 것입니다. 예수께서는 완전한 구원을 이루셨습니다.

> "나는 부활이요 생명이니 나를 믿는 자는 죽어도 살겠고 무릇 살아서 나를 믿는 자는 영원히 죽지 아니하리니 이것을 네가 믿느냐?"
>
> 〈요한복음 11:25~26〉

첫 사람 아담 이후 모든 인류는 하나님을 떠나 죄에 빠졌습니다. 죄의 늪에서 허우적거리며 죄의 사슬에 매여 꼼짝 못하고 죄와 악의 노예가 되어 비참하게 살다가 결국 죄가 삼키는 죽음에 이르게 되었습니다. 이러한 비참하고 불쌍한 인류를 구원하여 죄의 허물을 벗기고 씻기어 새사람으로 만들고 영생을 주어 영원한 하나님 나라 백성이 되게 하신 것입니다.

하나님의 백성으로 살다가 죽게 되면 천당에 가게 됩니다.

예수께서 인류 역사의 끝에 다시 오실 때 무덤에서 잠자던 육신에서 부활하여 하나님을 영원히 찬송하며 살게 됩니다. 그때는 다시는 사망도 없고 완전히 영화로운 상태가 됩니다.

예수 그리스도의 구원을 받은 사람은 다음 같이 새 사람이 됩니다.

① 하나님과 정상적인 관계가 회복되어 천지를 지으신 하나님을 예배하고 찬송하며 하나님과 교통하는 기도를 할 수 있게 됩니다.

하나님께 예배를 드리는 것은 사람의 가장 근본되는 일이요 특권이며 영광입니다. 하나님을 떠나 하나님을 잊어버리고 하나님 대신 다른 것을 섬기는 우매와 무지에서 벗어나 천지를 지으시고 다스리시는 하나님께 예배를 드리고 아버지라 부를 수 있는 복을 받게 되는 것입니다.

② 성령으로부터 하나님의 백성다운 품성과 도덕성을 발휘할 수 있는 힘과 능력을 받게 됩니다.

죄와 악이 가득한 세상에 살면서도 새사람으로서 하나님을 섬기며 살게 되어 죄와 상관이 없고 죽음의 공포에서 해방되어 자유롭게 기쁨과 평안을 누리며 인내와 온유의 덕성을 발휘하여 사람의 참 자태를 드러낼 수 있게 되는 것입니다.

③ 예수 그리스도께서 다시 오시는 그 날을 소망하며 이 땅에서 고난, 아픔, 슬픔을 겪으나 선을 행하며 살다가 영원한 나라에서 영생의 복을 누리게 됩니다.

"하나님이 저희와 함께 거하시리니 저희는 하나님의 백성이 되고 하나님은 친히 저희와 함께 계셔서 모든 눈물을 그 눈에서 씻기시매 다시 사망이 없고 애통하는 것이나 곡하는 것이나 아픈 것이 다시 있지 아니하리니……" 〈요한계시록 21:3~4〉

그러나 영원한 생명을 얻지 못하고 심판을 받게 되는 사람들은 둘째 사망에 들어갑니다.

"각 사람이 자기의 행위대로 심판을 받고 사망과 음부도 불못에 던지우니 이것은 둘째 사망 곧 불못이라 누구든지 생명책에 기록되지 못한 자는 불못에 던지우리라." 〈요한계시록 20:13~15〉

2) 구원의 실재
① 하나님의 공의와 십자가

첫 사람 아담의 원죄는 모든 인류에게 효력이 미쳐서 죄의 책임을 져야 할 뿐 아니라 죄의 결과로 하나님을 아는 지식과 찾는 마음까지 상실하였습니다. 그리하여 구원을 바랄 수도, 알 수도 없는 무지에 빠졌고 죄의 늪에서 스스로 헤쳐 나올 힘도 능력도 없게 되었습니다. 칼빈 선생은 이를 전적 오염, 전적 무지, 전적 무능이라 하였습니다.

"한 사람으로 말미암아 죄가 세상에 들어오고 죄로 말미암아 사망이

왔나니" 〈로마서 5:12〉

"아담으로부터 모세까지 아담의 범죄와 같은 죄는 짓지 아니한 자들 위에도 사망이 왕 노릇 하였나니……" 〈로마서 5:12~〉

"선악을 알게 하는 나무의 실과를 먹지 말라. 네가 먹는 날에는 정녕 죽으리라"고 선언한 하나님의 뜻을 바꿀 수 없고 그 심판을 거역할 수도 없습니다. 하나님께서는 절대공의를 가지신 분이기 때문에 죄를 용인할 수 없는 것입니다.

오직 하나님께서 당신의 명령이 번복되거나 훼손되지 않고 공의를 만족시킬 수 있는 방법으로 성삼위의 제2위 되시는 예수를 사람으로 보내셔서 사람의 죗값을 치르는 길을 내신 것입니다. 성자 예수께서는 성부 하나님의 뜻에 따라 그의 백성들의 죗값을 치르기 위해 사람의 역사 안으로 오신 것입니다. 예수께서 사람으로 오시어 완전히 하나님의 법을 지켜 하나님의 공의를 만족케 하신 것입니다.

하나님의 법을 만족케 하였다는 것은, 첫째로는 사람으로서 하나님의 법을 완전하게 지켰다는 것이며, 둘째로는 하나님의 법을 어긴 죗값을 치르셨다는 것입니다. 사람이 받아야 할 지옥 형벌을 대신 받으시고 죽어 장사지낸 바 되었다가 사흘 만에 부활하여 영광스럽게 하늘에 오르신 것입니다. 하나님이요 사람이신 예수께서만 하실 수 있는 것입니다. 사람으로 오셔서(성육신) 하나님 앞에 한 점 죄가 없는 사람으로서 하나님의 뜻대로 사시고 십자가에서 제사로 당신을 드려서 하나님의 공의를 만족시키셨습니다.

> "그런즉 한 범죄로 많은 사람이 정죄에 이른것 같이 의의 한 행동으로 말미암아 많은 사람이 의롭다 하심을 받아 생명에 이르렀느니라"
>
> 〈로마서 5:18〉

② 어떻게 구원을 얻는가?

사람이 구원을 받을 수 있는 길은 하나님 앞에 죄를 회개하고 오직 예수 그리스도를 믿는 것입니다. 그 외에는 어떠한 방법도 길도 없습니다. 왜냐하면 하나님께서 내신 유일한 길이기 때문입니다.

사람이 할 수 있는 일은 하나님께서 마련하신 구원을 믿는 것입니다. 아담의 원죄로 말미암아 사람은 죄 중에서 태어남으로 죄의 책임이 있고 죄로 오염되어 있다는 것을 깨닫고 회개하고 죄를 미워하고 죄로부터 해방되어야 하는 것입니다. "죄의 삯은 사망"입니다. 죄를 스스로 이기거나 죄책을 스스로 해결할 수 있는 사람은 아무도 없습니다. 죽음이 증명합니다. 죽음을 이긴 사람은 없습니다. 예수 그리스도를 보내어 구원의 길을 마련하신 하나님을 믿고 감사할 뿐입니다.

> "네가 만일 네 입으로 예수를 주로 시인하며 또 하나님께서 그를 죽은 자 가운데서 살리신 것을 네 마음에 믿으면 구원을 얻으리니 사람이 마음으로 믿어 의에 이르고 입으로 시인하여 구원에 이르느니라."
>
> 〈로마서 10:9~10〉

비참한 인생을 구원할 수 있는 존재는 오직 예수 그리스도밖에 없습니다.

"내가 곧 길이요 진리요 생명이니 나로 말미암지 않고는 아버지께로 올 자가 없느니라." 〈요한복음 14:6〉

3) 구원받은 증거

예수 그리스도의 은혜로 구원을 받은 자는 구원의 증거와 확신을 가지게 됩니다. 구원받은 사람은 그리스도의 구원을 깨닫고 감사하고 새사람의 생활을 합니다. 가장 확실한 증거는 자기를 부인하고 오직 성령의 능력으로 하나님께서 바라시는 선행을 할 수 있다고 믿는 것입니다.

구원은 하나님의 전적 주권이므로 정상적인 지정의(知情意)가 발휘되지 않는 사람, 즉 태아, 갓난아기, 어린 아기, 정신박약아, 정신장애자들 중에 구원받은 사람은 다른 사람이나 본인이 그 구원의 증거를 확인하지 못하는 경우도 있습니다. 그러나 정상적인 지정의를 발휘하는 사람들에게는 다음과 같은 **구원의** 증거가 있습니다.

- 천지를 지으신 하나님을 믿는 영적인 눈을 뜨게 된다.
- 하나님을 떠난 죄의 심각성을 깨닫고 죄를 미워하게 된다.
- 사람 스스로 죄와 악, 사망에서 벗어날 수 없음을 깨닫는다.
- 예수 그리스도를 하나님의 아들로, 십자가에서 나를 죄에서 구원하신

구주로 믿고 고백한다.
- 성경을 하나님의 말씀으로 믿으며 하나님의 말씀대로 살려고 노력한다.
- 하나님을 사랑하고 이웃을 사랑하게 된다.

　이러한 깨달음과 믿음은 스스로 작심하거나 결심해서 되는 일이 아니요. 성령께서 깨우치고 가르쳐 주어야 합니다. 위와 같은 증거는 세상 사람들에게는 없습니다. 구원받은 자만이 느끼고 깨닫고 믿을 수 있는 증거들입니다. 위에 열거하는 구원의 증거가 있을 때 신앙이 있다고 할 수 있습니다. 물론 순서대로 일어나거나 모든 증거들이 반드시 있어야 되는 것은 아닙니다. 위에 열거한 내용이 구원의 증거 전부는 아니지만 기본입니다. 그러나 위의 사실들 중 어느 것은 해당하나 어느 것은 받아들이지 않는 취사 선택할 수 있는 것이 아닙니다. 죄, 십자가, 부활, 승천, 재림을 믿고 성경을 하나님의 말씀으로 믿는 것은 구원받은 증거의 기본입니다.

4) 구원의 신앙
① 신앙이란 무엇인가?
신앙이란 믿고 바라는 것입니다.

"믿음은 바라는 것들의 실상이요 보지 못하는 것들의 증거니 선진들이 이로써 증거를 얻었느니라. 믿음으로 모든 세계가 하나님의 말씀으로 지어진 줄을 우리가 아나니 보이는 것은 나타난 것으로 말미암아 된

것이 아니니라" 〈히브리서 11:1~3〉

사람은 하나님을 떠나 하나님을 오랫동안 잊고 살았기 때문에 하나님을 아는 지식, 하나님을 찾는 마음, 하나님의 세계를 알아볼 수 있는 안목, 참 하나님을 분별하는 총명이 모두 사라졌습니다. 믿음이라는 과정이 있어야 천지를 지으신 하나님을 알게 되고 죄를 깨닫게 되고 예수 그리스도의 구원을 믿고 바라게 됩니다.

사람은 보고 듣고 만지는 기능을 통해서 사실을 인식하고 확인하고 믿는 성향이 있습니다. 그러한 사람의 한계 속에서 하나님을 찾고 믿으려 하기 때문에 많은 오류를 범하게 됩니다. 믿음이라는 혜안으로 하나님을 보고 그리스도의 구원을 알아야 합니다. 그런데 사람들은 믿음을 매우 막연하고 추상적으로 생각하거나, 그릇되게 정의하는 경우가 많습니다.

② 구원에 이르는 신앙

믿음은 지정의(知情意)로 이루어지는 확실하고 분명한 것입니다.

• 지(知)

우리는 하나님에 대한 정확하고 바른 지식을 가질 수 있습니다. 성경에 있습니다. 하나님에 대한 바른 지식없이 어떻게 믿겠습니까?

천지를 지으신 하나님과 사람 사이의 중보자가 되시는 예수 그리스도께서 하나님을 친히 계시하여 주심으로 우리는 하나님을 알고 믿게 되었습니다. 천지를 지으시고 섭리하시는 하나님을 알고 예수 그리스도의 십자가 공효를 믿고 성령을 의지하는 자는 구원을 받은 자입니다. 새 생명, 영생을 받은 자입니다.

"영생은 곧 유일하신 참 하나님과 그의 보내신 자 예수 그리스도를 아는 것이니이다" 〈요한복음 17:3〉

그리고 예수 그리스도에 대한 믿음의 고백을 하게 됩니다.

"주는 그리스도시요 살아 계신 하나님의 아들이니이다"
〈마태복음 16:16〉

• 정(情)

믿음이 있는 사람은 예수 그리스도의 십자가의 고난과 예수께서 지금도 하늘에서 우리를 돌보시고 다스리는 사실에 대한 감사와 든든한 마음이 있게 됩니다. 하나님의 사랑에 뜨거운 눈물을 흘리며 그리스도를 위하여 고통, 고난, 죽음까지도 두려워하지 않게 됩니다.

"누가 우리를 그리스도의 사랑에서 끊으리요 환난이나 곤고나 핍박이나 기근이나 적신이나 위험이나 칼이랴" 〈로마서 8:35〉

• 의(意)

믿는 자는 하나님의 뜻을 따르고자 하는 의지가 있게 되어 죄를 멀리하고 선을 행하여 하나님의 뜻에 순종하는 생활을 하게 됩니다. 세상의 가치와 조류에 따르지 아니하고 오직 인생의 목표를 하나님을 영화롭게 하고 하나님께서 원하시는 선을 행하는 데 두게 됩니다. 이 땅에서의 생활은 나그네임을 알고 장차 얻게 될 영광의 부활, 생명의 부활을 소망하며 선을 행하며 사는 것입니다.

"오직 선을 행함으로 고난을 받고 참으면 이는 하나님 앞에
아름다우니라" 〈베드로전서 2:20〉
"현재의 고난은 장차 우리에게 나타날 영광과 족히 비교할 수 없도다"
〈로마서 8:18〉

③ 신앙고백

예수 그리스도의 구원을 믿는 사람은 신앙고백이 있게 됩니다. 신앙고백은 내적으로 확신과 소망으로 나타나고 외적으로는 생활로 나타납니다.

신앙고백의 중요한 내용은

- 창조주 하나님은 유일하신 하나님
- 성경은 하나님의 말씀
- 예수 그리스도의 십자가 구속
- 예수 그리스도의 부활

- 성령의 인도와 가르침
- 인류 역사 끝에 심판주로 오실 예수 그리스도입니다.

2천 년의 교회 역사에서 믿는 자들이 고백한 신앙의 기본이며 중요한 요소입니다.

교회사에는 베드로의 **"주는 그리스도시요 살아 계신 하나님의 아들이시이니다"**라는 신앙고백으로부터 시작하여 사도신경, 하이델베르크 신앙고백, 웨스트민스터 신앙고백 등 모범적인 신앙고백이 있습니다.

> "누구든지 사람 앞에서 나를 시인하면 나도 하늘에 계신 내 아버지 앞에서 저를 시인할 것이요, 누구든지 사람 앞에서 나를 부인하면 나도 하늘에 계신 내 아버지 앞에서 저를 부인하리라" 〈마태복음 10:32~33〉

5) 구원받지 못하는 신앙

기독교라는 종교 생활과 기독교 문화권에 산다고 해서 구원에 이르는 것은 아닙니다. 구원에 이르는 신앙을 가지지 못한 경우가 많습니다. 하나님의 말씀에 가까이 왔고 그리스도의 구원에 대하여 많이 들었으나 구원에 이르지 못하는 사람들이 의외로 많습니다. 안타깝고 슬픈 일입니다.

> "나더러 주여 주여 하는 자마다 천국에 다 들어갈 것이 아니오 다만 하늘에 계신 내 아버지의 뜻대로 행하는 자라야 들어가리라."
> 〈마태복음 7:21〉

① **그릇된 기독론**

선민 역사의 끝에 이스라엘은 그릇된 메시야관으로 정작 예수께서 그리스도로 오셔서 그리스도의 일을 하셨는데 많은 유대인들은 믿지 아니하고 오히려 십자가에 못 박는 무서운 일을 자행하였습니다. 그들은 이스라엘을 가장 큰 나라로 세울 수 있는 능력을 가진 현세적인 왕을 메시야라고 생각하였습니다. 2천 년이 지난 지금까지도 유대인들은 현세적인 메시야관을 가지고 있으므로 예수를 그리스도로 믿지 않습니다.

인본주의(Human Stream)는 2천 년의 역사 기간에도 사람의 종교와 생각으로 만들어 낸 기독론으로 끊임없이 도전하였습니다. 특히 종교개혁 이후 르네상스와 계몽주의 시대를 거치면서 자유주의 신학과 그 맥락으로 이어지는 인본주의 신학에서는 예수의 신성을 부인하려는 성향이 강하여졌습니다. 20세기 중반 이후에는 다원주의가 팽배하여 예수 그리스도 외에도 구원이 있다는 그릇된 기독론으로 도전하고 있습니다.

인생은 길지 않습니다. 기독론의 진위(眞僞)는 인생이 끝날 때 하나님 앞에서 확연히 드러납니다. 성경 어느 곳에도 다른 신을 허용한 구절이 없습니다. 성경은 일관되게, 엄격하게, 우상숭배를 정죄합니다.

② **현세적인 신앙**

하나님께서 그의 백성들을 보호하고 사랑하시는 것은 사실이나 죄와 악이 가득한 이 세상에서 일시적으로 누리는 행복을 위한 구원을 베푸시는 것이 아닙니다. 이 세상의 죄와 악의 뿌리를 뽑는 것이 완전한 구원입니다.

그러나 이 세상을 아직 심판을 하지 않으셨으므로 오히려 그의 백성들은 죄와 악과 싸우게 되므로 곤경에 처할 경우가 더 많은 것입니다. 그래서 하나님을 자기들의 행복을 위한 수호신으로 여기는 현세적인 신앙으로는 어려움이나 환난, 핍박이 오면 신앙을 버리게 됩니다. 편리하고 이득이 있고 순탄하고 평화로울 때는 기독교를 믿다가 기독교로 인하여 어려움이 닥치면 신앙을 버리게 됩니다. 하나님은 결코 수호신이 아닙니다.

"아무든지 나를 따라오려거든 자기를 부인하고 자기 십자가를 지고 나를 좇을 것이니라" 〈마태복음 16:24〉

③ 기적 신앙

예수님께서 이 땅에 오셔서 떡 다섯 개와 물고기 두 마리로 5천명을 먹이시고 물 위를 걸으시고 앉은뱅이를 일어나게 하는 기적을 행하셨습니다. 이는 하나님 나라를 나타내고 가르치기 위한 증표로서 필요한 경우에만 몇 차례 행하셨습니다. 일상적인 생활은 사람들처럼 잡수시고, 걷고, 주무셨습니다. 피곤하시기도 하였고 시장한 경우도 있으셨습니다. 신적인 능력을 나타내실 때는 특별한 목적이 있을 때였습니다. 하나님을 계시하기 위할 때만 이적을 행하셨습니다.

오히려 기적을 중시하고 기적만 바라는 것을 나무라시고 경계하셨습니다. 표적을 보여주기를 원하는 서기관과 바리세인들에게 "악하고 음란한 세대가 표적을 구하나 선지자 요나의 표적밖에는 보일 표적이 없느니라" 〈마태복음 12:39〉 라고 말씀하셨습니다.

"그 날에 많은 사람이 나더러 이르되 주여 주여 우리가 주의 이름으로 선지자 노릇 하며 주의 이름으로 귀신을 쫓아내며 주의 이름으로 많은 권능을 행치 아니하였나이까 하리니 그때에 내가 저희에게 밝히 말하되 내가 너희를 도무지 알지 못하니 불법을 행하는 자들아 내게서 떠나가라 하리라" 〈마태복음 7:22~23〉

많은 기독교인들이 자신들의 행복과 복리 증진에 급급하여 기적 신앙에만 빠지므로 그리스도인다운 품성과 도덕성을 발휘하고 선을 행하는 데는 약합니다. 주께서는 이 땅에서 기적으로 모든 것을 해결해 주신 것이 아니라 우리의 구원을 위하여 오히려 고난과 핍박을 받으셨습니다.

5. 왕중왕 예수 그리스도

1) 하늘과 땅의 모든 권세를 받으신 예수

예수께서 십자가에서 해를 당하신 후 장사되셨다가 사흘날에 살아나셨습니다. 사람들처럼 죽어 땅에 묻혀 썩어 버린 것이 아니라 부활하여 영광스럽게 되셨습니다. 갈릴리에서 제자들을 만나 "하늘과 땅의 모든 권세를 내게 주셨으니"라고 말씀하시며 하나님으로부터 왕권을 받았음을 선언하셨습니다. 그 왕권은 세상 나라처럼 한 나라의 영토와 주권과 국민이라는 한계가 있는 것이 아니라 온 우주와 세상 모든 나라 위에 군림하는 것입니다. 주 예수께서 이러한 왕권을 받기 1천 년 전 다윗은 이미 시로써 그 왕권을 예언하고 노래하였습니다.

"여호와께서 내 주에게 말씀하시기를 내가 네 원수로 네 발등상 되게 하기까지 너는 내 우편에 앉으라 하셨도다" 〈시편 110:1〉

예수께서는 부활 후 승천하셔서 지금은 하나님 우편에서 성령을 보내셔서 일반섭리로 우주의 질서와 인류 역사를 주관하시며 특별섭리로 교회를 세워 하나님의 백성들을 통치하고 계십니다.

"하늘과 땅의 모든 권세를 내게 주셨으니 그러므로 너희는 가서 모든 족속으로 제자를 삼아 아버지와 아들과 성령의 이름으로 세례를 주고 내가 너희에게 분부한 모든 것을 가르쳐 지키게 하라 볼지어다 내가 세상 끝날까지 너희와 항상 함께 있으리라" 〈마태복음 28:18~20〉

2) 만왕의 왕 예수 그리스도

"저희 보는 데서 올리워 가시니 구름이 저를 가리워 보이지 않게 하더라 올라가실 때에 제자들이 자세히 하늘을 쳐다보고 있는데 흰옷 입은 두 사람이 저희 곁에 서서 가로되 갈릴리 사람들아 어찌하여 서서 하늘을 쳐다보느냐 너희 가운데서 하늘로 올리우신 이 예수는 하늘로 가심을 본 그대로 오시리라" 〈사도행전 1:9~11〉

예수께서는 제자들이 보는 데서 하늘로 오르셨습니다. 그리고 약속하신 대로 다시 오실 것입니다. 예수께서는 인류 역사의 끝에 심판의 왕으로 오시어 사탄과 그 휘하에 있는 모든 악한 영들과 믿지 않는 자들의 모든 죄와 악을 심판하여 멸망시킬 것입니다. 그때 예수를 구주로 믿는 자는 영생의 부활을, 회개하지 아니하고 자기의 길로 간 자는 심판의 부활을 받게 될 것입니다. 주 예수께서 만왕의 왕으로서 심판하실 장면을 성경은 여러 곳에 기록하고 있습니다.

"주의 권능의 날에 주의 백성이 거룩한 옷을 입고 즐거이 헌신하니 새벽이슬 같은 주의 청년들이 주께 나오는도다...... 주의 우편에 계신 주께서 노하시는 날에 열왕을 쳐서 파하실 것이라 열방중에 판단하여 시체로 가득하게 하시고 여러 나라의 머리를 쳐서 파하시며 길가의 시냇물을

마시고 인하여 그 머리를 드시리로다" 〈시편 110편〉

주의 백성은 즐거워 춤을 추고 예수 그리스도를 섬기며 노래할 것이나 예수를 믿지 아니하고 거스르던 세력들은 무서운 심판을 받게 될 것입니다. 둘째 사망에 이를 것입니다.

"하나님은 친히 저희와 함께 계셔서 모든 눈물을 그 눈에서 씻기시매 다시 사망이 없고 애통하는 것이나 곡하는 것이나 아픈 것이 다시 있지 아니하리니" 〈요한계시록 21:3~4〉

"두려워하는 자들과 믿지 아니하는 자들과 흉악한 자들과 살인자들과 행음자들과 술객들과 우상 숭배자들과 모든 거짓말하는 자들은 불과 유황으로 타는 못에 참예하리니 이것이 둘째 사망이라" 〈요한계시록 21:8〉

골목을 구불구불 찾아온

햇볕을 쬐는

모습을 보고

달빛이 구석구석 찾아든 동네

별을 노래하는 누이를 보고

그 부요한

모습을 보고

나의 거울로 서 있는

아우와 누이를 보고

나는

하늘을 보고 웃었습니다.

나의 아우와 누이가 달동네에 사는 것이

어찌 그리 선하고 아름다운고

| 교회 |

형제가 연합하여 동거함이
어찌 그리 선하고
아름다운고
머리에 있는 보배로운 기름이
수염 곧 아론의 수염에 흘러서
그 옷깃까지 내림 같고
헐몬의 이슬이
시온의 산들에 내림 같도다
거기서 여호와께서
복을 명하셨나니
곧 영생이로다

시편 133편

교회

1. 교회에 대하여

1) 교회의 시작
① 교회를 세우시겠다는 약속

예수께서 제자들에게 하나님 나라에 대하여 3년 동안 가르치시고 마지막 여행지 가이사랴 빌립보에서 "너희는 나를 누구라 하느냐?"라고 물었습니다.

그때 베드로가 "주는 그리스도시요 살아 계신 하나님의 아들이시니이다" (마태복음 16:16) 라고 대답했습니다.

베드로의 신앙고백을 들으신 예수께서는 교회를 세우실 것을 언약하십니다. 베드로는 반석이라는 뜻으로 반석 위에 교회를 세우겠다고 하셨습니다. 사도의 기초 위에 교회를 세우시겠다고 하신 것입니다. 사도의 기초는 예수께서 친히 그 제자들에게 보이고 가르치신 말씀, 그 말씀을 배우고 따르던 제자들의 신앙, 성령께서 사도들에게 특별히 계시하신 하나님의 말씀, 사도들을 쓰시어 세우신 교회의 모범을 의미합니다.

> "예수께서 대답하여 가라사대 바요나 시몬아 네가 복이 있도다 이를 네게 알게 한 이는 혈육이 아니요 하늘에 계신 내 아버지시니라 또 내가 네게 이르노니 너는 베드로라 내가 이 반석위에 내 교회를 세우리니 음부의 권세가 이기지 못하리라" 〈마태복음 16:18〉

② **교회를 세우라고 하심**

예수께서 가이사랴 빌립보 여행을 마치신 후 예루살렘으로 가셔서 십자가에서 구속 사역을 완성하신 후 죽었다가 사흘날에 부활하여 40일 동안 제자들과 지내시다 승천하시면서 대사명을 주셨습니다.

> "그러므로 너희는 가서 모든 족속으로 제자를 삼아 아버지와 아들과 성령의 이름으로 세례를 주고 내가 너희에게 분부한 모든 것을 가르쳐 지키게 하라 볼지어다 내가 세상 끝날까지 너희와 항상 함께 있으리라 하시니라" 〈마태복음 19~20〉

③ 교회의 시작

예수께서 제자들에게 "오직 성령이 임하시면 너희가 권능을 받고 예루살렘과 온 유대와 사마리아와 땅 끝까지 내 증인이 되리라" ⟨사도행전 1:87⟩ 라고 말씀하시면서 하늘로 올라가셨습니다.

예수께서 승천하신 후 제자들이 마가의 다락방에 모여서 오직 기도에 힘쓰고 있을 때 성령이 그들에게 임하였습니다.

"오순절 날이 이르매 저희가 다 같이 한곳에 모였더니 홀연히 하늘로부터 급하고 강한 바람 같은 소리가 있어 저희 앉은 온 집에 가득하며 불의 혀같이 갈라지는 것이 저희에게 보여 각 사람 위에 임하여 있더니 저희가 다 성령의 충만함을 받고 성령이 말하게 하심을 따라 다른 방언으로 말하기를 시작하니라" ⟨사도행전 2:1~4⟩

④ 초대 교회

오순절에 제자들에게 성령이 임하게 됨으로 제자들은 성령이 충만하여 예수께서 이루신 구원을 담대하게 전하기 시작하였습니다. 그들이 각 나라 말로 유창하게 그리스도의 십자가를 전하였습니다. 예수께서 잡혀 갈 때는 모두 달아났던 제자들이 이제는 용기를 가지고 죽음을 두려워하지 않고 복음을 전하기 시작하였습니다.

예루살렘에서 시작한 교회는 사마리아를 거쳐 안디옥, 소아시아(터키), 그리스, 로마로 퍼져 나갔습니다. 제자들은 순교를 당하면서도 담대하게 복음을 전하였습니다.

2) 교회의 본질

교회는 예수께서 세우시는 유기적인 연합체이며 생명체입니다.

예수께서 승천하시면서 약속하신 것처럼 하늘에서 지금도 그의 백성들을 교회로 부르셔서 성령의 능력으로 예수께 연합시켜 한 몸을 이루게 하시는 생명체입니다. 예수께서 머리가 되시고 그의 백성들은 각 지체가 되는 것입니다.

교회는 사람들이 세우는 종교단체가 아닙니다. 사람들이 세우는 종교는 그 중심이 사람이며 그 종교의 신은 사람들의 수호신입니다.

교회는 종교단체나 친목단체가 되어서는 안됩니다. 오늘날은 교회가 사람들이 고안한 프로그램을 실현하는 문화 행사장이나 기업 같은 모습을 보이는 경우가 종종 있는데 이러한 모습들은 교회의 본질이 아닙니다. 그리스도와 관계없는 모임이나 행사는 단순히 종교 행사일 뿐 교회가 될 수 없습니다.

기독교의 교회에서는 그리스도가 머리가 되며 믿는 자는 그리스도와 연합된 지체입니다. 그리스도가 주인이 되기 때문에 교회의 기본과 최종적인 목적은 예수 그리스도를 전하는 데 있습니다.

3) 교회의 성격

교회는 예수를 믿는 사람들이 모인 신앙 공동체로서, 보이는 단체이기는 하나, 보이지 아니하는 그리스도와 연합된 거룩한 몸입니다. 머리가 되시는 그리스도와 연합된 그의 백성들의 모임이 교회입니다. 그래서 교회는 '그리스도의 몸' '하나님의 성전' '하나님의 집'

'위에 있는 예루살렘' '진리와 기둥의 터'라고 부릅니다.

교회는 그리스도를 머리로 한 지체들의 연합체로서 통일성을 가지며 시간과 공간을 뛰어넘어 하나의 진리를 가르치는 보편성을 가지며, 세상과 구별되고 거룩성과 순결성을 가집니다.

> "오직 너희는 택하신 족속이요 왕 같은 제사장들이요 거룩한 나라요 그의 소유된 백성이니 이는 너희를 어두운데서 불러내어 그의 기이한 빛에 들어가게 하신 자의 아름다운 덕을 선전하게 하려 하심이라"
> 〈베드로전서 2:9〉

교회는 생명입니다. 생명체는 끊임없이 자라야 합니다. 장성하여 교회의 사명을 담당하여야 합니다.

교회의 사명은 어두운 세상에 빛이신 예수 그리스도를 전하는 것입니다. 사명을 수행하는 과정에서 도전하는 세력들과 싸워야 합니다. 그 싸움은 혈과 육의 싸움이 아니고 선한 싸움이요 신령한 싸움입니다. 그 싸움을 할 수 있는 교회가 되려면 실력을 갖추고 장성하여야 합니다.

> "그리스도의 몸을 세우려 하심이라. 우리가 다 하나님의 아들을 믿는 것과 아는 일에 하나가 되어 온전한 사람을 이루어 그리스도의 장성한 분량이 충만한 데까지 이르리니" 〈에베소서 4:13〉

2. 예배

예수께서 교회를 세워 교회를 통하여 하나님께 예배를 드릴 수 있는 길을 마련하셨습니다.

교회의 가장 큰 특성은 예수 그리스도의 은혜로 구원을 받은 하나님의 백성들이 함께 모여 예배를 드리는 것입니다. 구약의 안식일은 토요일이었으나 예수께서 십자가 고난을 받고 죽었다가 부활하신 일요일이 주의 날이 되었습니다. 교회가 선 이후에는 일요일 곧 주의 날이 안식일이 되었으며 이 날에 함께 모여서 예배 절차에 따라 예배를 드려야 합니다.

천지를 지으시고 다스리는 하나님께서 예배를 받아 주시는 것은 영광이요 은혜입니다. 하나님의 백성에게 내리시는 가장 큰 복입니다.

하나님의 백성은 마음을 다하여 목숨을 다하여 힘을 다하여 하나님께 나아가 예배를 드려야 합니다. 사람의 마음과 행동을 감찰하시는 하나님께 가볍게 또는 함부로 예배를 드릴 수 없습니다. 마음을 모으고 정중하게 최대한의 예의를 갖추어 하나님께 나아가야 합니다. 예배를 드리는 사람은 예배에 대하여 바르게 배워야 합니다.

1) 예수 그리스도의 이름으로 예배하여야 합니다

사람은 죄와 악으로 오염되어 있기 때문에, 아무리 정성과 뜻을 다하고 마음을 모은다고 하여도, 더러운 옷을 입고 우아한 궁전에 들어 가는 것과 같습니다. 엄위로우신 하나님 앞에 나아가는 것이므로 우리의 죄를 예수 그리스도의 십자가 공효로 깨끗이 씻고 새 옷을 갈아 입고 나아가야 하는 것입니다. 죄로 말미암아 더러운 옷과 냄새나는 몸같은 우리는 하나님께 나아갈 수는 없는 것입니다.

2) 하나님은 영이시니 신령과 진정으로 예배하여야 합니다

사람은 영적인 존재입니다. 그러므로 나의 영이 하나님의 신, 성령의 인도와 조명과 도움으로 나가야 합니다. 죄와 악으로 물들여 있는 우리는 하나님께 나아갈 힘이 없습니다. 예수님의 십자가 공효를 입혀주시는 성령의 인도를 받아 하나님 앞에서 진정으로 예배를 드려야 합니다.

3) 하나님께서 받으시는 예배가 될 수 있도록 절차에 따라 준비하여야 합니다

사람 사회에서도 왕이나 높은 사람에게 인사를 할 경우에는 절차에 따라 예절을 갖추어 예를 올리는 것입니다. 교회는 바른 예배 모범을 마련하여 그 모범적인 절차에 따라 예배를 드리도록 하여야 합니다.

예배 내용과 절차에는 찬송, 기도, 헌상(**헌금**), 말씀이 있습니다.

① 찬송

찬송은 하나님께 드리는 찬양의 제사입니다.

찬송은 사람이 들으라고 부르거나 사람에게 감흥을 주기 위하여 부르는 노래가 아닙니다. 천지를 지으시고 섭리하시는 하나님, 나를 죄와 악에서 구원하신 성자, 나를 가르치고 하나님의 백성답게 살 수 있는 힘과 능력을 주시는 성령께 그 영광과 엄위를 찬양하고 감사하는 노래입니다.

시와 노래라는 형식을 취하여 드리는 것이므로 하나님을 바로 알고 하나님께서 기뻐하시는 시가 되어야 할 것입니다. 하나님에 대하여 무지하거나 하나님께서 인정하시지 않는 시는 찬송이 될 수 없습니다.

또한 노래 형식을 빌려서 찬송을 하므로 고상하고 품격 있는 음악성을 가지고 찬송을 하여야 합니다. 아무리 고도의 음악적인 기교나 숙련으로 드려도 하나님 앞에는 부족한 것입니다. 그러므로 최고의 음악성을 가지고 찬송하여도 부족하다는 겸손한 자세로 드려야 합니다. 저급한 음악성으로 또는 사람의 감흥을 위하여 부르는 노래는 하나님께 오히려 누를 끼치고 예의에 벗어나는 것입니다.

찬송의 궁극적인 목표는 하나님을 기쁘시게 하는 것입니다. 찬송은 제사라고도 합니다. 속죄, 순결, 헌신의 의미가 있으며 찬송을 통하여 하나님과 교통함으로써 하나님의 영광과 은혜 안에 들어갈 수 있습니다. 찬송을 드리는 자세는 진심으로 또 겸손하여야 합니다.

② 기도

기도는 하나님의 백성이 하나님과 교통하는 수단입니다.

하나님의 백성에게만 주신 특권입니다. 예수 그리스도의 구원을 받지 않은 사람들의 기도는 아무리 많은 시간과 노력을 기울여 기도하여도 하나님과 상관이 없으므로 무의미합니다. 기도는 조용히 마음으로 할 수 있고 소리를 내어서 할 수도 있습니다. 하나님께서는 마음도 감찰하시고 목소리도 알아들으시기 때문입니다.

(가) 주기도문

예수께서는 그의 제자들에게 기도의 모범을 가르치셨습니다.

예수께서 가르치신 기도를 주기도문이라고 합니다. 주기도문을 예배 순서에 넣어서 공동으로 기도하는 것이 좋습니다.

> 하늘에 계신 우리 아버지여
> 이름이 거룩히 여김을 받아오시오며
> 나라이 임하옵시며
> 뜻이 하늘에서 이룬 것같이 땅에서도 이루어지이다
> 오늘날 우리에게 일용할 양식을 주옵시고
> 우리가 우리에게 죄 지은 자를 사하여 준 것같이
> 우리 죄를 사하여 주옵시고
> 우리를 시험에 들게 하지 마옵시고
> 다만 악에서 구하옵소서
> 나라와 권세와 영광이
> 아버지께 영원히 있사옵나이다 아멘
>
> <마태복음 6:9~13>

주기도문의 내용은 먼저 하나님을 향하여 인사를 드리고 하나님의 거룩한 통치가 임하기를 바라는 소원을 말합니다. 또한 일용할 양식을 주시라는 기도를 합니다. 단순히 먹을 것만이 아니라 그리스도인으로서 바르고 정상적으로 살 수 있는 환경과 형편을 마련하여 주시라는 기도를 하는 것입니다.

다음은 이제 하나님의 백성이 되었으니 하나님께서 미워하고 싫어하시는 죄를 멀리하고 죄의 유혹에 빠지지 않도록 지켜 주시기를 기도합니다. 죄를 회개하고 죄와 상관이 없이 살아감으로써 하나님과 교통이 끊어지지 않고 하나님을 기쁘시게 하면서 살아갈 수 있기 때문입니다. 마지막은 다시 하나님의 영광을 찬양하는 마음으로 마무리하고 있습니다.

(나) 기도의 응답

"구하라 그러면 너희에게 주실 것이요 찾으라 그러면 찾을 것이요 문을 두드리라 그러면 너희에게 열릴 것이니 구하는 이마다 얻을 것이요 찾는 이가 찾을 것이요 두드리는 이에게 열릴 것이니라 너희 중에 누가 아들이 떡을 달라 하면 돌을 주며 생선을 달라 하면 뱀을 줄 사람이 있겠느냐 너희가 악한 자라도 좋은 것으로 자식에게 줄 줄 알거든 하물며 하늘에 계신 너희 아버지께서 구하는 자에게 좋은 것으로 주시지 않겠느냐"

〈마태복음 7:7~11〉

- **하나님께서는 즉시 기도를 들어 주십니다.**

하나님의 백성에게 당장 필요한 것이 있을 때는 기도를 즉시 들어 주십니다. 때로는 기도를 하지 않아도 그 사람에게 필요한 것이 있을 때 그의 백성을 눈동자같이 보호하시는 하나님께서는 필요를 들어 주시고 채워 주십니다. 위험한 상황이나 현재 그 사람이 깨닫지 못하고 있지만 절대 필요한 경우 하나님께서는 먼저 주시고 그 사람이 하나님께서 주신 사실을 깨닫게 합니다. 우리 인생 대부분의 경우가 이에 해당합니다. 우리는 너무도 빌 바를 알지 못하는 존재입니다.

- **하나님께서는 구하는 것을 다른 것으로 바꾸어 주십니다.**

사람이 구하는 것이 미흡하거나 부족할 경우에는 선하신 하나님께서는 보다 더 좋은 것으로 답하여 주십니다. 부모와 어린 자식의 관계를 보면 알 수 있습니다.

- **하나님께서는 전혀 들어 주지 않는 경우도 있습니다.**

그 사람이 자기 욕심을 채우기 위하여 기도하거나 그 기도가 잘못 되었을 때 하나님께서는 그 사람을 사랑하시기 때문에 들어 주시지 않습니다.

사람이 기도할 때는 조용하게 오직 하나님께 드려야 합니다. 기도를 자랑하거나 뽐내기 위한 수단으로 사용하는 사람들을 주께서는 책망하셨습니다.

또한 하나님께 기도한 내용을 기억하고 있어야 합니다. 그리하여 기도를 들어 주실 때 감사하고 다른 것으로 바꿔 주셨을 때는 하나님의 뜻을 바로 깨닫고, 응답하지 않으셨을 경우에는 자기를 돌아보고 반성해야 합니다. 기도를 하고 잊어버리는 것은 진실하게 기도하지 않았다는 것이요 하나님을 가볍게 여기는 태도입니다.

③ 헌상(獻上)

예수 그리스도의 은혜로 구원을 받은 사람은 이제 자기의 행복이나 자기의 인생 목표를 위하여 사는 것이 아닙니다. 하나님께 자신을 드려서 쓰임을 받는 하나님의 일꾼이 된 것입니다. 그러므로 하나님의 백성은 생활 전체를 하나님께 드리는 자세로 살아야 합니다. 언(言), 행(行), 심(心), 사(思)가 하나님의 백성답게 이뤄지고 나타나야 합니다.

(가) 헌금의 의미

예배를 드릴 때 헌금은 자기의 생활 전체를 하나님께 드린다는 표입니다. 헌금의 의미는 나를 하나님께 드린다는 것이며, 하나님께서는 나를 받아 주시고 쓰셔서 하나님의 교회를 운영하시는 것입니다. 주의 몸 된 교회에 나를 받아 주신다는 의미입니다. 단순히 물질을 드려서 하나님의 사업을 돕는 것이 아닙니다. 천지 만물의 주인이신 하나님께서 무엇이 부족해서 사람의 물질을 받으시겠습니까?

하나님께 자신을 드리고 헌금을 할 수 있는 것은 특권이요 복입니다. 나의 조그만 물질을 받으신다는 것은 하나님의 은혜입니다.

그러므로 하나님께 헌상을 할 때에는, 내가 어떤 존재인가를 바로 깨닫고, 겸손한 자세로 부족하고 보잘것없는 나를 대신하는 표로 드리는 헌금을 받아 주시기를 간절히 바라야 할 것입니다. 그러므로 인색하거나 계산적이 되어서는 안 됩니다.

헌금은 하나님께 드리는 것입니다. 결코 사람 앞에 내세우는 것이 되어서는 안됩니다.

(나) 헌금의 사용

구약 이스라엘 열두 지파 중 레위인들에게는 기업(땅)을 주지 않고, 제사를 드리는 일에만 전념하도록 하였습니다. 열한 지파가 십분의 일을 내어 레위인의 생활을 담당하였습니다.

교회에는 말씀을 맡은 목사가 있습니다. 목사가 하나님의 말씀을 연구하고 가르치는 일을 충실히 할 수 있도록 생활비를 담당하여야 합니다. 또한 선교를 위한 여러 비용이 있습니다. 예배를 드리기 위한 수단들을 유지하여야 합니다. 가난한 사람을 구제하여야 합니다.

성경에는 헌금의 사용에 대하여 잘 가르치고 있습니다. 요즈음은 교회가 마치 기업처럼 여러가지 사업을 하고 그 사업을 위하여 돈이 필요하여 무리하게 헌금을 강요하는 경우가 많습니다.

④ 말씀

교회에서는 예배가 가장 중요한 요소이며, 교회 예배에서는 말씀이 중요한 요소입니다. 교회가 하나님 앞에 바로 서기 위하여서는 하나님의 말씀이 바르고 풍부하게 전해져야 합니다. 교회에 전해진 말씀의 능력은 회원들의 생활에서 나타납니다. 하나님의 말씀을 즐거워하고 그 말씀을 행할 때 하나님의 백성이라는 증표가 되고 세상에 빛이 되어 예수 그리스도의 구원을 전하는 그릇이 되는 것입니다.

하나님의 말씀 성경은 성령의 조명과 가르침으로 깨닫게 됩니다. 성경은 오묘하고 깊고 넓은 하나님의 말씀이므로 많은 연구와 공부를 하여야 그 뜻을 잘 알 수 있습니다.

목사가 하나님의 말씀을 깊이 연구하여 예배 시간에 전할 때 성령께서 그 전하는 말을 쓰게 되어 하나님의 말씀이 되는 것입니다. 비록 사람이 연구하고 공부하여 전할지라도 성령께서 함께 하셔서 화자와 청자를 감동시킬 때 하나님의 말씀이 됩니다.

"너희가 우리에게 들은 바 하나님의 말씀을 받을 때에 사람의 말로 아니하고 하나님의 말씀으로 받음이니 진실로 그러하다 이 말씀이 또한 너희 믿는 자 속에서 역사하느니라" 〈데살로니가전서 2:13〉

그러나 하나님 말씀 대신 사람의 생각이나 철학, 교양을 가르치는 것은 하나님의 말씀이 아닙니다. 또한 목사가 하나님의 말씀을 전할 때 듣는 자가 교양강좌나 종교적인 강좌를 듣는 태도로 듣게 되면 하나님의 말씀이 되지 않습니다.

하나님의 백성은 예배 시간에 임재하시는 하나님 앞에서 하나님의 말씀을 듣고 배워서 그의 일상생활에서 말씀의 능력을 나타내야 합니다. 그 능력은 그리스도인다운 품성과 도덕성, 언(言)·행(行)·심(心)·사(思)로 나타나는 것입니다.

3. 성례

교회에는 은혜의 수단과 표로서 성례가 있습니다.
성례란 세례와 성찬을 말합니다.

① 세례

구약에서는 양피를 베는 할례를 행하여 하나님의 구원의 언약을 믿고 하나님의 백성이라는 표를 했습니다.

> "당일에 아브라함과 그 아들 이스마엘이 할례를 받았고 그 집의 모든 남자 곧 집에서 생장한 자와 돈으로 이방 사람에게서 사온 자가 다 그와 함께 할례를 받았더라" 〈창세기 17:26~27〉
> "그 아들 이삭이 난 지 8일 만에 그가 하나님의 명대로 할례를 행하였더라" 〈창세기 21:4〉

신약에서는 세례로써 죄를 씻고 구원에 대한 확신과 구원의 증표를 삼게 되었습니다.
세례는 예수 그리스도의 피로 죄를 씻는다는 표상으로써 하나님 앞에 죄를 회개하고 예수 그리스도의 십자가를 믿는 사람에게 행하는 은혜의 방도입니다. 그러므로 신자로서 정상적인 정서를 가지고 건강한 생활을 하는 사람은 세례를 받아야 합니다. 세례를 받는다는 것은 죄를 고백하고 예수를 믿는다는 믿음의 증표이기 때문입니다. 그러나 세례가 구원의 절대적인 조건이 되지는 않습니다. 또한 믿음이 없이 세례라는 종교적인 활동만 하게 되면 실질적인 의미가 없습니다. 진실로 죄를 회개하는 자가 세례를 받을 수 있습니다.

"나는 너희로 회개케 하기 위하여 물로 세례를 주거니와 내 뒤에 오시는 이는 나보다 능력이 많으시니 나는 그의 신을 들기도 감당치 못하겠노라 그는 성령과 불로 너희에게 세례를 주실 것이요" 〈마태복음 3:11〉

② 성찬

성찬은 예수 그리스도의 죽으심과 부활, 예수 그리스도와 연합을 표상하는 은혜의 방도입니다. 성찬은 주께서 잡히시던 밤에 친히 정하시고 세상 끝 날까지 행하여 지키라 하셨습니다.

"저희가 먹을 때에 예수께서 떡을 가지사 축복하시고 떼어 제자들을 주시며 가라사대 받아 먹으라 이것이 내 몸이니라 하시고 또 잔을 가지사 사례하시고 저희에게 주시며 가라사대 너희가 다 이것을 마시라 이것은 죄 사함을 얻게 하려고 많은 사람을 위하여 흘리는 바 나의 피 곧 언약의 피니라" 〈마태복음 26:26~28〉

포도주는 예수 그리스도의 십자가에서 흘린 피를, 떡은 예수 그리스도의 몸을 상징하며 성찬에 참여하는 자는 예수 그리스도와 연합이 됨을 표상합니다.

성찬 때에 성령께서 함께하셔서 믿음으로 참여한 그리스도의 백성에게 믿음을 더욱 확증하고 그리스도의 몸에 참여했다는 교회아(敎會我)의 확인을 하게 되는 것입니다.

포도주와 떡은 예수 그리스도의 피와 살을 상징하는 의미를 가지고 성찬에 참여할 때 성령께서 감동하시는 것이며 물리적으로 특별한 의미를 가지지 않습니다.

> "주 예수께서 잡히시던 밤에 떡을 가지사 축사하시고 떼어 가라사대 이것은 너희를 위하는 내 몸이니 이것을 행하여 나를 기념하라 하시고 식후에 또한 이와 같이 잔을 가지고 가라사대 이 잔은 내 피로 세운 새 언약이니 이것을 행하여 마실 때마다 나를 기념하라"
>
> 〈고린도전서 11:23~25〉

4. 권징

교회는 하나님께 예배드리고 성례를 행하는 거룩한 신앙 공동체입니다.

거룩하고 아름다운 교회가 되기 위하여는 하나님의 말씀이 능력 있게 나타나야 합니다. 목사는 하나님의 말씀을 깊이 연구하여 회중에게 전하여야 하고 신자들도 하나님의 말씀을 사모하여 열심히 배우고 늘 묵상하여 거룩한 신앙 공동체의 분자로서 거룩한 생활을 하여야 합니다.

교회가 성결하고 거룩하게 보존되며 장성하기 위하여 목사의 가르침과 지도가 필요하고 장로와 신앙 선배들의 사랑과 교육이 필요합니다. 특히 가정의 부모는 하나님의 말씀을 맡은 사명을 다하여 자녀들을 하나님의 말씀으로 교훈하고 양육하여야 합니다.

"아비들아 너희 자녀를 노엽게 하지 말고 오직 주의 교양과 훈계로 양육하라" 〈에베소서 6:4〉

"여호와를 경외하는 것이 지식의 근본이어늘 미련한 자는 지혜와 훈계를 멸시하느니라 내 아들아 네 아비의 훈계를 들으며 네 어미의 법을 떠나지 말라 이는 네 머리의 아름다운 관이요 네 목에 금사슬이니라"
〈잠언 1:7~9〉

그러나 교회는 아직 완전한 하나님 나라가 아니기 때문에 믿는 자 중에는 하나님의 말씀을 소홀히 하거나 떠나게 되어 하나님께서 싫어하고 미워하시는 죄악에 빠지는 경우가 있습니다. 그러할 경우 본인에게도 죄를 뉘우쳐 하나님께 돌아올 수 있는 기회를 부여하고 교회를 거룩하게 지켜야 하기 때문에 징계를 하여야 합니다. 징계는 권면, 근신, 수찬 정지, 출교 등이 있을 것입니다.

오늘날은 교회에 권징이 제대로 행하여지지 않으므로 교회가 힘이 없고 세속화되어 가고 있습니다.

> "형제들아 사람이 만일 무슨 범죄한 일이 드러나거든 신령한 너희는 온유한 심령으로 그러한 자를 바로잡고 네 자신을 돌아보아 너도 시험을 받을까 두려워하라 너희가 짐을 서로 지라 그리하여 그리스도의 법을 성취하라" 〈갈라디아서 6:1~2〉

5. 성도의 교제

교회는 예수 그리스도의 몸으로 세상과 구별된 신앙 공동체입니다.

교회에 속한 사람들은 하나님을 아버지라 부르는 하나님의 양자가 되었고 그리스도의 피와 몸에 참여한 교회의 한 분자로서 신비한 연합에 들어간 것입니다. 그러므로 피를 나눈 형제 친척보다 영적으로는 더욱 밀접한 관계를 가지게 되었습니다. 한 몸에 붙은 각 지체가 된 것입니다.

성도의 교제는 한 시대와 공간에 속한 지교회 성도들의 교제뿐 아니라 시간과 공간을 넘어 하나님의 모든 백성들이 성도의 교제 안에 들어간 것 입니다.

성도의 교제는 거룩한 신앙 공동체에 속한 사람들의 사랑과 주를 향한 헌신, 하나님의 말씀을 믿고 행하는 것입니다. 일반 사회처럼 만나서 즐겁게 지내는 교제 정도가 아닙니다. 교회는 사람들의 친목단체가 아니요 종교 행사장도 아니며 문화를 형성하고 교양을 넓히는 학습장도 아닙니다. 남녀노소, 빈부귀천의 차별이 없는 동등한 인격을 가진 그리스도 지체들의 연합체입니다. 신비한 연합으로 이루어진 신앙 공동체에 속한 그리스도인들의 교제가 되려면 그리스도에 붙어 있어야 합니다. 그리스도에 속한 자만이 성도의 교제를 할 수 있습니다.

"우리의 사귐은 아버지와 그 아들 예수 그리스도와 함께 함이라"
〈요한일서 1:3〉

너는 베드로라
내가
이 반석 위에
내 교회를 세우리니
음부의 권세가
이기지 못하리라

| 교회의 역사 |

내가 수고를 넘치도록 하고
옥에 갇히기도 더 많이 하고
매도 수없이 맞고
여러 번 죽을 뻔하였으니
유대인들에게
40에 하나 감한 매를 다섯 번 맞았으며
세 번 태장으로 맞고
한 번 돌로 맞고
세 번 파선(破船)하는데
일주야(一晝夜)를 깊음에서 지냈으며
여러 번 여행에
강(江)의 위험과
강도의 위험과
동족의 위험과 이방인의 위험과 시내의 위험과
광야의 위험과 바다의 위험과
거짓 형제 중의 위험을 당하고
또
수고하며 애쓰고
여러 번 자지 못하고
주리며 목마르고
여러 번 굶고 춥고 헐벗었노라

고린도후서 11: 23~27

교회의 역사

예수께서 이스라엘 북쪽 지방 가이샤라 빌립보에서 제자들에게 "**내가 이 반석 위에 내 교회를 세우리니 음부의 권세가 이기지 못하리라**"고 약속하신 대로 십자가에서 구원을 완성하신 후 교회를 세우셨습니다. 예루살렘에서 시작한 교회는 친히 예수께서 머리(주)가 되어 세우시기 때문에 비록 많은 도전과 핍박을 당하였을지라도 세상을 이기고 어두운 세상을 밝히며 서 왔습니다.

사람들의 인식으로는 교회가 중단 되기도 하고 성쇠를 거듭하면서 이어왔다고 말하겠지만 주께서는 단 한순간도 빠짐없이 변함없이 교회를 세우시고 지키셨습니다. 중단, 성쇠, 변질은 사람들의 시간이요 사람들이 한 일이었습니다.

세상 끝날까지 교회는 굽힘없이 끊임없이 서 갈 것입니다.

1. 예루살렘에 교회가 서다

예수께서 부활하신 후 갈릴리에 제자들을 모으시고 세상 끝까지 구원의 소식을 전하라는 대사명을 주셨습니다.

부활하셔서 40일을 제자들과 지낸 후 예루살렘에서 "성령이 임하시면 너희가 권능을 받고 예루살렘과 온 유대와 사마리아와 땅 끝까지 이르러 내 증인이 되리라" 하시고 하늘로 오르셨습니다.

예수께서 하늘로 오르신 후 제자들과 예수님을 따르던 사람들은 다락방에 모여 기도에 힘썼습니다. 오순절에 강한 바람같은 소리와 불의 혀 같은 모습으로 성령께서 제자들이 모인 다락방에 강림하셨습니다. 성령의 감동과 충만을 받은 제자들은 능력과 용기를 가지고 담대히 복음을 전하기 시작하였습니다.

베드로가 유대 군중을 향해 "너희가 십자가에 못박은 이 예수를 하나님이 주와 그리스도가 되게 하셨느니라"고 말하였을 때 군중들은 "우리가 어찌할꼬?" 두려워하며 마음이 찔리고 고통스러워하였습니다. 이에 베드로는 "회개하여 각각 예수그리스도의 이름으로 세례를 받고 죄 사함을 얻으라"고 말하였습니다. 그 말을 듣고 회개하고 세례를 받고 예수를 믿은 자가 3천 명이 넘었습니다.

예루살렘에 교회가 서게 되었습니다. 강도 바라바를 놓아 주고 예수를 십자가에 못 박으라고 외치던 유대인들이 이제 예수가 그리스도임을 믿게 되었습니다. 인류 역사는 새로운 지평을 열었습니다.

"저희가 이 말을 듣고 마음에 찔려 베드로와 다른 사도들에게 물어 가로되 형제들아 우리가 어찌할꼬 하거늘 베드로가 가로되 너희가 회개하여 각각 예수 그리스도의 이름으로 세례를 받고 죄사함을 얻으라 그 말을 받는 사람들은 세례를 받으매 이 날에 제자의 수가 3천이나 더 하더라 저희가 사도의 가르침을 받아 서로 교제하여 떡을 떼며 기도하기를 전혀 힘쓰니라" 〈사도행전 2:37~42〉

2. 이방 선교 시작되다

예루살렘 교회는 믿는 자의 수가 날로 더하여지고 신자들은 신앙과 사랑의 공동체를 이루어 재산과 소유를 팔아 필요를 따라 나누어 유무상통(有無相通)하였습니다. 사도들에게는 성령의 능력으로 기사(奇事)와 이적이 나타나고 믿는 사람들은 성전에 모이기를 힘쓰고 하나님을 찬미하였습니다.

이에 불안을 느낀 유대교의 지도자들은 제자들과 믿는 자들을 핍박하기 시작하였고 마침내 스데반 집사를 돌로 쳐 죽였습니다. 유대교 지도자들(제사장, 서기관, 바리새인, 사두개인)은 로마 관리들과 결탁하여 믿는 자들을 때리고 잡아 감옥에 가두고 죽이는 핍박을 하였습니다. 믿는 자들은 흩어지게 되었습니다. 이때 믿는 자들을 잡으러 다메섹으로 가던 바울이 도중에 예수님을 만나 회개하고 예수를 전하는 사도가 되었습니다.

1) 선교의 거점 안디옥

예루살렘에서 믿는 사람들이 핍박을 피하여 안디옥으로 도망하였습니다. 당시 안디옥은 꽤 큰 도시였고 예루살렘에서 멀리 떨어져 있어 피난처가 되었습니다. 피난처 안디옥의 믿는 사람들을 위하여 예루살렘 교회에서는 바나바를 선교사로 보내었습니다. 바나바는 다소에 있는 바울을 찾아가 선교 활동을 같이 하자고 권유합니다. 바울은 다메섹 도상에서 예수님을 만나 회개한 후 아라비아에 가서 3년 동안 신학 수업을 한 후 고향 다소에 있었습니다.

2) 바울의 선교여행

바울과 바나바는 안디옥을 선교 거점으로 하여 소아시아(지금의 튀르키예 일대)와 헬라(그리스)를 세 차례 선교 여행을 하면서 때로는 예루살렘으로 돌아가 사도들과 신학의 문제를 정리하고, 예루살렘에 흉년이 들었을 때는 안디옥과 데살로니가 지역 교회 헌금을 가지고 가서 예루살렘 교회를 돕고 사랑을 전하며 교회의 통일성을 실증하기도 하였습니다.

바울과 사도들은 오직 예수 그리스도의 구원을 전하는 데 생명을 다 드렸습니다. 갖은 역경이 닥쳤으나 조금도 굴하지 않고 기쁨으로 복음을 전하였습니다. 가는 곳마다 유대인들의 훼방으로 수없이 맞기도 하고 감옥에 갇히고 갖은 모욕을 당하였습니다. 또한 하나님을 모르고 우상을 섬기던 이방 땅에 진리를 전할 때 많은 저항과 곤경에 부딪히게 되었습니다. 때로는 여행 중에 도적과 강도를 만나 곤욕을 당하였습니다.

"현재의 고난은 장차 우리에게 나타날 영광과 족히 비교할 수 없도다"
〈로마서 8:18〉
"누가 우리를 그리스도의 사랑에서 끊으리요 환난이나 곤고나
핍박이나 적신이나 위험이나 칼이랴. 사망이나 생명이나 천사들이나
권세자들이나 현재 일이나 장래 일이나 능력이나 높음이나 깊음이나
다른 아무 피조물이라도 우리를 우리 주 예수 그리스도 안에 있는
하나님의 사랑에서 끊을 수 없느니라" 〈로마서 8:35~38〉

바울사도는 소망과 확신과 사명으로 온갖 어려움을 극복하며 예수 그리스도의 구원을 전하였습니다. 바울의 땀과 눈물이 2천 년 흘러 오늘 우리에게 예수 그리스도의 구원이 전하여졌습니다.

3) 초대교회 · 로마

사도 바울은 선교여행을 마치고 마지막으로 예루살렘에 들러 아브라함의 후손들에게 회개를 촉구하였습니다. 그러나 이스라엘은 회개하지 않고 오히려 바울을 죽이려 하였습니다. 바울은 유대인의 사주를 받은 로마 병정에게 잡혀 고난을 당하게 됩니다. 바울은 로마의 시민권자로 로마 황제의 재판을 청구합니다. 바울의 청원대로 로마 총독 베스도는 바울을 로마로 압송합니다. 로마로 압송되어 가는 길은 험난한 여행이었습니다.

가이사랴 해변 감옥에서 2년이란 세월을 허송하고 지중해 항해를 1년이 넘게 하는 동안 갖가지 사건을 만나기도 합니다. 그러한 역경 가운데서도 바울은 굽힘없이 당당하게 천지를 지으신 하나님, 인류의 구원 예수 그리스도를 누구에게나 어느 상황에서나 전하였습니다.

마침내 바울은 로마에 당도하여 재판을 받은 뒤에 무혐의로 풀려나 로마에서 그리스도의 복음을 전합니다.

> "바울이 온 이태(2년)를 자기 셋집에 유하며 자기에게 오는 사람을 다 영접하고 담대히 하나님 나라를 전파하며 주 예수 그리스도께 관한 것을 가르치되 금하는 사람이 없었더라" 〈사도행전 28:30~31〉

로마 황제는 기독교를 새로운 세력의 도전으로 생각하여 핍박을 가하기 시작합니다. 313년 콘스탄티누스 대제가 기독교를 국교로 선포하기까지 기독교인들은 참혹한 시련과 핍박을 받았습니다. 당시 로마의 통치권에 있는 모든 지역의 초대 교회는 핍박을 받아 산으로, 동굴로 피난을 다니며 신앙을 유지하여야 했습니다.

폭군 네로 황제는 기독교도를 잡아다가 콜로세움에서 사자 등 맹수에게 죽임을 당하게 하고 기둥에 매어 머리에 불을 붙이는 인촉(人燭) 실험을 하였습니다. 철인(哲人) 황제라는 마르쿠스 아우렐리우스도 기독교인들을 심하게 탄압했습니다. 기독교에 대한 몰이해로 기독교가 로마를 위협한다고 생각한 것입니다.

로마 황제들의 핍박을 피하여 무덤 카타콤으로 피신한 초대교회 신자들은 오직 신앙을 지키고 그리스도의 구원에 감사하고 찬송하는 일이 인생의 전부였습니다. 그러나 성령께서 힘과 능력을 주셔서 믿는 자는 늘어나고 마침내 로마의 귀족과 왕족까지 믿게 되었습니다. 콘스탄티누스 대제의 어머니 헬레나의 독실한 신앙으로 313년 마침내 기독교는 로마의 국교로 선포되었습니다.

3. 로마의 국교가 된 기독교

당시 로마는 바로 세계 그 자체였습니다. 로마가 기독교를 국교로 정한 것이 외견상으로는 기독교의 힘과 위력을 나타내어 자랑스럽게 생각될지 모르지만, 기독교의 본질을 나타내고 유지하는 데는 오히려 약점이 되었습니다.

구약의 이스라엘은 신정국가(神政國家) 형태를 취했으나 예수께서 율법을 완성하고 구원사역(救援事役)을 완성하신 후에는 종교와 국가가 분리되었습니다. 교회는 하늘에 계시는 예수 그리스도의 통치를 받게 되었고 기독교는 어느 한 나라나 사회에 국한되지 않고 세계 만방에 서게 되었기 때문입니다. 교회를 한 국가나 사회에 국한시키거나 국가의 정치 이념 안에 제한해서는 안 되는 것입니다. 교회는 전 세계적이며 우주적인 존재입니다.

로마가 기독교를 국교로 정하게 되어 선교 활동과 신앙 생활에는 핍박이나 제한을 받지 않고 오히려 장려되는 장점을 가지게 되었으나 교회의 본질을 잃게 되는 큰 손실을 가져오게 되었습니다. 5세기에 로마가 야만족에게 망했을 때 거의 모든 사람들은 하나님 나라가 망했다고 생각하였습니다. 국가와 교회, 하나님 나라를 동일시하였기 때문이었습니다.

다행히 아우구스티누스가 하나님 나라와 세상 나라의 성격과 본질을 바르게 규명하여 주었습니다. 그러나 로마 가톨릭은 기독교를 왜곡시키고 진리의 빛을 교황청, 수도원, 성직자들 안에 감추어 암흑을 만들었습니다. 1천 년 동안 교회는 로마 가톨릭에 의하여 빛을 잃고 말았습니다. 일반 대중은 하나님의 말씀 성경을 읽고 배울 기회가 없어지고 찬송도 국한된 일부 사람들만 부르는 암흑이 천년이란 세월을 덮었습니다.

교회는 예수 그리스도께서 머리가 되시고 예수를 믿는 자들은 예수와 지체로 연합된 신비한 존재입니다. 하나님과 사람 사이의 중보자는 오직 예수 그리스도 한 분뿐입니다. 교회에는 하나님의 말씀을 연구하고 공부하여 가르치는 목사가 있으면 충분합니다.

로마 카톨릭은 교황이 중보자 역할을 하고 사도직을 계승한다는 교의와 신학으로 천년이 넘는 기간 하나님의 뜻에 어긋나는 횡포와 잘못을 저질렀습니다. 교황은 정치에 관여하여 교회를 세상 나라의 수준으로 끌어 내렸습니다. 하인리히 황제가 1077년 1월 교황 그레고리 7세에게 항거했다가 눈밭에서 맨발로 사흘을 빌었다는 사건은 교황의 횡포를 극명하게 보여주는 역사였습니다.

로마 가톨릭이 비록 천년이란 긴 세월 교회의 빛을 가리고 횡포를 저질렀을지라도 하늘에 계시는 주 예수께서는 그의 신실한 종과 백성들을 택하고 양육하심으로 하나님 나라가 끊임없이 이어져왔습니다.

사람들에게 약하고 미련하게 보였을지라도 진리를 배우고 깨닫고 믿는 하나님의 백성들이 천년동안 이어졌습니다. 주 예수께서 하늘에 계시고 성령께서 주의 몸된 교회를 세우셨기 때문에 음부의 권세가 이기지 못하였습니다.

4. 종교개혁

1) 루터의 95개조

로마 가톨릭(Roman Catholic) 신부였던 루터는 진리의 횃불을 높이 들었습니다. 로마 가톨릭의 횡포에 대하여 95개 조항의 질문서(*부록 참조)를 교황에게 제출하였습니다. 누구나 성경을 읽을 수 있고, 믿는 자는 누구나 찬송을 할 수 있는 만인제사장(萬人祭司長)임을 부르짖으며 천년의 어둠에 진리의 빛을 비추었습니다.

"오직 너희는 택하신 족속이요 왕같은 제사장들이요 거룩한 나라요 그의 소유된 백성이니 이는 너희를 어두운 데서 불러내어 그의 기이한 빛에 들어가게 하신 자의 아름다운 덕을 선전하게 하려 하심이라"

〈베드로전서 2:9〉

마침내 진리의 빛은 만방으로 옮겨져 어둡던 세상은 하나님의 진리로 환하여졌습니다. 진리의 빛이 비춰지는 데는 종교 개혁자들의 희생과 피와 눈물과 땀이 밑거름이 되었습니다. 존 후스는 화형을 당하였고 루터도 프리드리히 영주가 보호하여 주지 않았다면 화형을 당하였을 것입니다. 칼빈은 프랑스에서 바젤로 도피하여 산골짜기 제네바에서 활동하였습니다.

2) 루터와 칼빈

루터와 칼빈의 주장과 가르침에 영향을 받고 따르는 개혁자들이 여기저기서 나타났습니다. 루터는 독일어로 성경을 번역하고 교리서들을 출판하여 많은 사람들이 읽고 배우게 되었습니다. 칼빈은 『기독교 강요』를 저술하였습니다. 루터와 칼빈의 개혁 신앙은 유럽 전역으로 퍼지게 되었고 드디어 천년의 어둠이 걷히게 되었습니다.

3) 개혁신앙

흔히 루터와 칼빈의 개혁신앙을 종교개혁이라 합니다. 루터와 칼빈의 종교개혁은 로마 가톨릭을 개혁한 것이 아니라 성경의 진리를 바르게 해명하고 사도들이 세운 교회의 본질을 되찾은 것입니다. 로마 가톨릭이 성경을 왜곡하고 사도들의 가르침을 감추었던 것을 다시 찾아낸 것입니다. 그러므로 개혁교회는 로마 가톨릭에서 파생된 것이 아니며 로마 가톨릭에 저항하거나 반대하여 세워진 것이 아닙니다.

종교개혁이라는 말은 사람들이 역사를 해석하고 표현하는 수단으로 쓰는 용어입니다. 로마 가톨릭은 성경과 예수 그리스도와 사도들의 가르침에서 벗어나 다른 길로 가는 것이고, 개혁신앙은 성경의 진리를 믿고 사도들이 전한 가르침을 바르게 받는 것입니다.

기독교는 로마 가톨릭에서 파생됐다거나, 구교와 신교, 가톨릭도 같은 기독교라고 말하는 것은 잘못된 것입니다.

개혁신앙, 개혁교회, 기독교, 교회라고 표현하는 것이 정당합니다.

5. 종교개혁 이후 유럽의 기독교

1) 대혼란

16세기 종교 개혁자들이 용감하게 로마교회 천년 아성을 무너뜨리기 시작했으나 유럽은 종교 전쟁으로 아수라장이 되고 말았습니다. 처음에는 가톨릭에 반대하는 개혁자들이 죽임을 당하였으나 가톨릭에 반대하던 프로테스탄트 교도들은 교리와 신조가 다르다는 이유로 서로 싸우고 죽이는 참혹한 일을 저질렀습니다.

나라마다 정치적 야심과 음모, 그리고 로마 교회와 개혁 교회가 연루된 소용돌이는 엉켜버린 실타래처럼 풀릴 줄 모르고, 많은 사람이 죽고 죽이고 쫓겨나고 망명하는 처참한 교회 역사를 이루었습니다. 그러한 역사의 소용돌이를 거쳐 이탈리아, 스페인, 프랑스는 로마 교회가 크게 영향을 미치고 독일, 스위스, 네덜란드, 영국은 개혁

교회가 주로 자리를 잡게 되었습니다. 심한 상처를 안은 채 종교 전쟁은 그치고 종교의 자유가 허용되었습니다.

2) 위대한 신앙고백

종교개혁 이후 외적으로는 교회가 서로 싸우고 죽이는 종교재판과 신학 논쟁으로 혼란을 거듭하였습니다. 그러나 내적으로는 하나님의 말씀, 성경을 바르게 해명하는 신학자와 목회자들이 진리의 횃불을 드높이 밝혔습니다. 벨직 신앙고백, 하이델베르그 요리문답, 웨스트민스터 신앙고백서 등으로 신앙의 모범과 교회의 표준을 세웠습니다.

성경을 일반 성도들이 읽고 배울수 있도록 각국 언어로 번역하였고 성경을 해명하는 신학이 발전하였습니다.

3) 자유주의 인본주의 신학

그러나 르네상스, 계몽주의, 철학, 과학의 발전 등의 영향을 받은 인본주의와 자유주의 신학이 나타나 기독교의 본질을 왜곡하고 근간을 무너뜨리는 일이 벌어졌습니다.

사람의 이성을 중시하고, 사람의 이성과 학문으로 하나님의 섭리와 성경을 해석하는 자유주의 신학은 오늘날까지 이어져 로마 가톨릭보다 더 무서운 세력으로 교회에 도전하고 있습니다.

인본주의 신학은 사람이 중심이 되고 철학과 과학의 잣대로 성경을 해석합니다. 신앙이 없는 사람들에게는 합리적으로 보이고 신앙이 약한 사람에게는 혼란을 야기시킵니다.

하나님의 진리를 사람의 학문으로 끌어내리고 바꾸는 것입니다. 오늘날에는 다원주의 신학으로 변하였습니다.

4) 사탄의 특성- 거짓

사탄의 특성은 속이는 것입니다. 사탄은 사람의 이성을 이용하여 아담과 하와로 하여금 원죄를 범하게 한 인류 시초부터 지금까지 사람을 속여 하나님과 사이가 벌어지게 하고 있습니다. 사람의 이성을 이용하여 속이는 것입니다. 하나님을 미워하고 죄성(罪性)을 이용하여 반박 논리를 세우거나 그럴듯한 속임으로 성경을 왜곡하고 성령에 거스려 도전합니다. 인생은 길지 않습니다. 머지 않아 하나님의 진리가 햇빛보다 환하게 모든 것을 비추어 거짓과 진실이 드러나게 될 것입니다.

6. 영국 교회와 청교도

영국은 헨리 8세가 자신의 결혼 문제로 로마 가톨릭 교회와 결별함으로써 영국국교회가 시작되었습니다. 헨리 8세가 왕비 캐더린과 이혼하고 다른 왕비를 세우고자 했을 때 로마 교황청의 반대에 부딪히게 되었습니다. 이혼이 교리상 금지되는 것이 표면적인 문제였지만 보다 실질적인 문제는 왕비 캐더린이 스페인 왕의 공주로서 당시 스페인은 로마 교회와 밀접한 관 계에 있었기 때문이었습니다. 이에 헨리 8세는 로마 교황청과 결별을 선언하고 독립하여 영국국교회를 선언하고 영어 성경을 쓰기 시작하였습니다.

영국은 1603년 스코틀랜드와 통일을 이루는데 스코틀랜드는 칼빈의 가르침을 받아들인 장로교도들이 많았습니다. 영국은 기독교 여러 종파의 본산지가 되었습니다. 오늘날의 영국국교회(성공회), 장로교, 감리교, 침례교뿐만 아니라 독립파, 유니태리언, 케이어파 등 수많은 종파가 생겨났습니다. 영국은 잉글랜드, 스코틀랜드, 아일랜드의 통합과 분열, 왕위 계승과 의회 정치 등 정치적으로 숱한 혼란을 거듭하였습니다. 종교적으로는 영국국교회, 장로교, 청교도 간의 갈등과 싸움으로 복잡하였습니다.

칼빈주의자들인 청교도들은 영국국교회와 많은 마찰을 빚었습니다. 그 와중에도 1611년 출간된 『흠정역(The King James Version)성경』과 1647년 작성한 웨스트민스터 신앙고백은 교회에 큰 유산이 되었습니다.

7. 청교도들의 신대륙 이주

의회 정치를 장악했던 크롬웰이 물러나고 제임스 2세가 찰스 2세를 이어 왕위를 계승하여 왕권을 강화하였습니다. 로마 교회를 신봉하는 제임스 2세는 개혁교회들을 탄압하였습니다. 이에 청교도들은 핍박을 피하여 메이플라워호를 타고 아메리카로 이주하였습니다.

신대륙은 불모의 척박한 땅으로, 원주민 인디안들과의 전쟁, 그리고 유럽에서 이주해 온 저층계급의 무질서와 폭력에 맞서 싸우는 생활은 고난의 연속이었습니다.

그러나 칼빈주의 개혁신앙을 가진 그들은 철저하고 경건한 신앙생활로 신대륙에 새로운 나라를 건설하는 주역이 되었습니다. 신대륙에 건너간 청교도들은 교회를 세우고 기독교 대학을 세워 오늘의 미국을 건설하는 원동력이 되었습니다.

청교도들의 생활은 오직 신앙이 중심이었습니다. 척박한 땅을 개간하고 어려운 환경을 극복하는 원동력은 신앙이었습니다. 고난과 어려움을 소망으로 이겨내고 모든 결과를 하나님께 감사하였습니다. 결코 풍요롭지 않은 소출 앞에서도 추수감사예배를 드렸습니다.

자녀들에게 신앙을 계승하기 위하여 교육에 힘썼습니다. 초·중등학교에서 기독교 교육에 힘썼고 대학도 기독교 선교와 정신을 함양하기 위하여 세웠습니다. 하바드, 예일, 프린스턴 대학이 모두 기독교 대학입니다.

8. 남북전쟁- 선교에 대한 사명

　미국은 노예해방 문제로 남북전쟁을 치르게 됩니다. 전쟁은 노예해방을 부르짖는 북군의 승리로 끝났지만 남군이나 북군 모두 패배자라는 실의에 빠지게 되었습니다. 미국 전체가 실의에 빠져 있을 때 교회 부흥운동이 일어나고 교회 부흥운동은 미국에 다시 힘을 주었습니다.

　모든 국민들이 신앙의 열정을 가지게 되었고 미국이 곧 하나님 나라다 주장할 정도로 신앙이 고조되고 교회가 부흥하였습니다. 교회가 부흥하고 신자들의 신앙이 고조되자 선교에 대한 열정이 뜨겁게 달아올랐습니다. 교회, 사회, 국가가 선교 정책을 펴고 선교사를 해외로 파송하게 되었습니다.

　알렌(H. N. Allen,~?)은 1984년 중국을 거쳐 조선에 의료 선교사로, 언더우드(Horace G. Underwood, 1859~1916)는 1885년 4월 5일 아펜젤러(Henry G. Apenseller, 1858~1902)와 함께 인천에 선교의 첫발을 디뎠습니다. 하나님을 모르고 암흑 속에 있던 코리아(Korea)에 진리의 횃불을 들고 찾아와 예수 그리스도의 복음을 전하기 시작하였습니다.

　그리고 연세대학교를 세웠습니다.

기독교 역사 개관

BC	1900년경	아브라함 가나안 이주(구원의 언약)
	1300년경	모세 출애굽
	1010	이스라엘 왕국 건설
	931	북이스라엘, 남 유다 왕국 분열
	721	북 이스라엘 앗시리아에 패망
	587	남 유다 예루살렘 함락, 바벨론 포로
	4	예수 그리스도 탄생
AD	30	예수 그리스도 십자가 고난, 부활
	47	사도 바울 전도 여행
	313	로마 황제 콘스탄티누스 기독교 공인(밀라노 칙령)
	325	니케아 회의(성부, 성자 동등)
	381	콘스탄티노플 회의(삼위일체의 확립)
	440	교황 레오 1세 등위, 교회 권력의 확립
	451	칼케돈 공의회(그리스도의 양성론 교리 확정)
	590	교황 그레고리오 1세 즉위(교황권 확립)
	1077	신성 로마황제 하인리히 4세, 그레고리오 7세에게 사죄
	1096	십자군 전쟁 시작
	1517	루터, 「95개조 항의문」 발표: 종교개혁
	1534	영국왕 헨리 8세 수장령(首長令) 공포(영국 국교회 설립)
	1541	스위스에서 칼빈의 종교개혁
	1620	영국의 청교도, 북아메리카로 이주
	1885	미국 언더우드 선교사 대한민국 선교 시작

교회의 역사

은총의 땅

"오 주여, 지금은 아무것도 보이지 않습니다.
주님,
메마르고 가난한 땅
나무 한 그루 시원하게 자라 오르지 못하고 있는 땅에
저희들을 옮겨와 앉히셨습니다.
그 넓고 넓은 태평양을 어떻게 건너왔는지
그 사실이 기적입니다.
주께서 붙잡아 뚝 떨어뜨려 놓으신 듯한 이곳,
지금은 아무것도 보이지 않습니다.
보이는 것은 고집스럽게 얼룩진 어둠뿐입니다.
어둠과 가난과 인습에 묶여 있는 조선 사람뿐입니다.
고통을 고통인 줄 모르는 자에게 고통을 벗겨 주겠다고 하면
의심부터 하고 화부터 냅니다.
조선 남자들의 속셈이 보이지 않습니다.
이 나라 조정의 내심도 보이지 않습니다.
가마를 타고 다니는 여자들을 영영 볼 기회가 없으면
어찌하나 합니다.
조선의 마음이 보이질 않습니다.
그리고 저희가 해야 할 일이 보이지 않습니다.

그러나 주님, 순종하겠습니다.
겸손하게 순종할 때
주께서 일을 시작하시고, 그 하시는 일을
우리들의 영적인 눈이 볼 수 있는 날이 있을 줄 믿나이다.
"믿음은 바라는 것들의 실상이요
보지 못하는 것들의 증거니……"
라고 하신 말씀을 따라
조선의 믿음의 앞날을 볼 수 있게 될 것을 믿습니다.
지금은 우리가 황무지 위에 맨 손으로 서있는것 같사오나
지금은 우리가 서양 귀신, 양귀자(洋鬼子)라고
손가락질을 받고 있사오나,
저희들이 우리 영혼과 하나인 것을 깨닫고
하늘나라의 한 백성, 한 자녀임을 알고
눈물로 기뻐할 날이 있음을 믿나이다.
학교도 없고 그저 경계와 의심과 멸시와 천대만이
가득한 곳이지만
이곳이 머지않아 은총의 땅이 되리라는 것을 믿습니다.
주여, 오직 제 믿음을 지켜 주소서,"

Horace. G. Underwood

진리가 너희를 자유케 하리라

"진리가 너희를 자유케 하리라"

이는 철학자, 사상가, 과학자의 말이 아닙니다.
예수께서 유대인들에게 하신 말씀입니다.
길거리의 행인이나 군중, 지식을 탐구하는 과학도에게 한 말이 아니라 자신을 그리스도로 설명하기 위하여 유대인들에게 하신 말씀입니다.

예수께서 말씀하신 "진리가 너희를 자유케 하리라"의 본의를 바르게 알려면 성경말씀 〈요한복음 8:21~36〉의 앞뒤 문맥과 당시 유대인들의 상황을 살펴보아야 합니다.

유대인들이 "당신은 누구십니까?" 하고 예수님의 정체를 물었습니다 〈요한복음 8:25〉. 유대인들의 질문에 대하여 예수께서는 "너희의 죄 가운데서 죽게 될 그리스도이며, 하나님의 뜻에 따라 하나님을 계시하는 나는 하나님과 동등이라" 〈요한복음 8:24~29〉고 예수님의 정체를 선언하셨습니다.

그 말씀을 들은 많은 유대인들이 예수님을 믿게 되었습니다. 〈요한복음 8:30〉

"예수께서 자기를 믿은 유대인들에게 이르시되 너희가 내 말에 거하면 참 내 제자가 되고 진리를 알지니 진리가 너희를 자유케 하리라" 〈요한복음 8:31~32〉라고 하시니 "우리가 아브라함의 자손이라 남의 종 된 적이 없거늘 어찌하여 우리가 자유케 되리라 하느냐?"라고 유대인들이 질문하였습니다. 〈요한복음 8:33〉

예수께서는 "죄를 범하는 자마다 죄의 종이라"고 대답하시고 죄로부터 자유케 하여 주실 것을 언약하셨습니다. 〈요한복음 8:34~36〉

이제 진리와 자유의 본의를 명확하게 정리하여 볼 수 있게 되었습니다.

하나님을 계시하는 예수님을 믿으면 예수의 제자가 되어 진리를 알게 되고 진리이신 예수께서 죄와 사망으로부터 해방시켜 자유롭게 하여 준다는 것입니다. 〈로마서 8:1~2〉

진리는 사람들의 과학, 철학, 사상의 정도가 아니라 예수님 당신이시며, 자유는 무지, 억압, 결핍, 가난으로부터 벗어나는 정도를 넘어 죄와 사망을 벗어나 하나님께서 맨 처음 창조하신 사람의 모습, 더 나아가 부활 후 하나님의 영광에 참여하는 상태가 되는 것이 자유입니다.

"진리가 너희를 자유케 하리라"는 진리이신 예수께서 우리를 죄와 사망으로부터 구원하여 자유롭게 한다는 하나님의 말씀입니다.

이제

벌레가 아니다

벌레 껍질을 벗은

자유

하늘 품으로 안기는

가녀린 날개 아름다운

우화(羽化)

| 기독교인의 생활 |

사람이 거듭나지 아니하면
하나님 나라를 볼 수 없느니라

니고데모가 가로되
사람이 늙으면 어떻게 날 수 있삽니이까?

예수께서 대답하시되
진실로 진실로 네게 이르노니
사람이 물과 성령으로 나지 아니하면
하나님 나라에 들어갈 수 없느니라

육(肉)으로 난 것은 육이요
성령으로 난 것은 영이니
내가 네게 거듭나야 하겠다 하는 말을
기이히 여기지 말라

요한복음 3:3~7

기독교인의 생활

...신앙인의 생활

신앙인은 어떠한 생활을 해야 하는가?

신앙인은 예수그리스도를 믿는 사람입니다. 예수 그리스도의 은혜로 구원을 받은 새사람이 되어 성령의 인도, 조명, 가르침을 좇아서 성경에서 가르치는 생활을 하는 사람입니다.

예수께서 가르치신 **"주 너의 하나님을 사랑하라 그와같이 네 이웃을 네 몸과 같이 사랑하라"**는 계명을 지키며 사는 사람입니다.

기독교인은 정상적이고 자유롭고 자연스러운 생활을 해야 합니다. 하나님께서 창조하신 본의에 맞게 가장 인간적이고 따뜻하며 부드럽고 남을 편하게 하는 자세로 책임있는 사회생활을 해야 합니다.

1. 신앙인의 목표는 하나님을 영화롭게 하는 것이다

〈웨스트민스터(Westminster) 신앙고백 요리문답〉 제1문에서 "사람의 제일되는 목적은 하나님을 영화롭게 하고 영원토록 그를 즐기는 것이다."고 말하고 있습니다.

하나님께서 사람을 하나님의 형상대로 만드시고 복을 주신 것은 하나님의 영광을 나타내고 하나님과 영원토록 아름답고 즐거운 관계를 유지하라는 것이었습니다. 죄로 말미암아 하나님의 영광을 볼 수 없고 하나님과의 관계도 끊어졌던 우리를 예수 그리스도께서 다시 회복시켜 주셨습니다. 그러므로 이제 하나님의 영광에 참여한 정상적인 관계를 가질 수 있게 된 것입니다.

신앙인은 인생의 목표를 하나님을 사랑하고 하나님의 영광을 드러내는 데 두어야 합니다. 하나님의 영광을 드러낸다는 것은 내가 특별한 행동을 하거나 노력을 하여 하나님의 영광을 나타내거나 하나님을 높이는 것이 아닙니다. 하나님의 말씀 성경을 읽고 성경이 가르치는 대로 사는 것이 하나님을 영화롭게 하며 자신도 하나님의 영광에 참여하는 것입니다. 하나님의 사랑과 은혜를 순전히 받고 하나님의 통치에 순복하여 생활에서 성령의 열매를 맺으며 예수를 믿는 사람으로 살아가면 자연히 하나님의 영광이 나타나게 되는 것입니다.

하나님의 영광은 하나님의 영광 자체로서 존재합니다. 사람은 하나님의 영광을 보태거나 도울 수 없으며, 하나님의 영광을 깨닫고 만물에 나타난 영광을 바라보며 인정하고 찬양하는 것이 하나님을 영화롭게 하는 것입니다.

2. 생활의 기준

신앙인의 생활 기준은 하나님의 말씀 성경입니다. 구약에서는 십계명과 율법을 주셔서 지키도록 하셨습니다. 십계명은 인류 역사가 존속하는 한 지켜야 할 절대적인 계명입니다. 성경을 하나님의 말씀으로 믿고 배우면 하나님과 정상적인 관계를 유지하는 하나님의 백성으로 살 수 있습니다.

십계명
1. 너는 나 외에는 다른 신들을 네게 있게 말지니라.
2. 너를 위하여 새긴 우상을 만들지 말고, 또 위로 하늘에 있는 것이나, 아래로 땅에 있는 것이나, 땅 아래 물 속에 있는 것의 아무 형상이든지 만들지 말며, 그것들에게 절하지 말며, 그것들을 섬기지 말라.
3. 너는 너의 하나님 여호와의 이름을 망령되이 일컫지 말라.
4. 안식일을 기억하여 거룩히 지키라.

> 5. 네 부모를 공경하라.
> 6. 살인하지 말지니라.
> 7. 간음하지 말지니라.
> 8. 도적질하지 말지니라.
> 9. 네 이웃에 대하여 거짓 증거 하지 말지니라.
> 10. 네 이웃의 집을 탐내지 말지니라.

　십계명은 〈출애굽기〉 20장, 〈신명기〉 5장에서 가르치고 있으며 이스라엘 백성과 하나님의 백성이 대대로 지켜야 할 바를 명하고 있습니다. 신약의 교회에도 유효한 계명이며 인류 역사가 끝날 때까지 지켜야 할 하나님의 법입니다.

　1계명에서 4계명까지는 하나님을 향하여 그 백성들이 지켜야 할 법이며 5계명에서 10계명까지는 하나님 앞에서 사람이 사람들 사이에 지켜야 할 법입니다. 십계명은 따로따로 독립된 법이 아니라 전체가 유기적으로 연결된 하나님의 법이므로 이 중에서 하나라도 지키지 않으면 십계명 전체를 어기는 것이 됩니다.

　사람들은 도적질과 살인은 죄로 생각하면서도 다른 계명은 가볍게 여기거나 무시하는 경향이 있습니다. 우상숭배, 안식일을 지키지 않는 일, 불효, 거짓, 탐심을 하나라도 지키지 않거나 범하면 살인과 도적질 같은 무서운 죄입니다.

　사람에게는 기본적으로 하나님을 찾는 본성이 있습니다. 하나님 대신에 다른 신을 만들어 섬기는 암매(暗昧)에 빠지는 우상숭배에 대하여 하나님께서는 진노하십니다. 하나님께서 그 백성을 사랑하시기 때문입니다. 하나님을 떠나지 않고 가까운 관계를 계속 가지시려는 것입니다. 우상을 섬긴다는 것은 하나님을 떠나 하나님과 관계가 없어지는 것입니다. 하나님을 보이지 않는다고 가볍게 생각하거나 무시하는 것은 큰 죄입니다. 정상적인 사람은 자기 부모를 가볍게 여기거나 무시하지 않습니다. 안식일을 범하는 일도 큰 죄입니다. 현대인의 생활은 다양하고 바쁘기 때문에 안식일(주일)에도 할 일이 많다고 사람들의 편의대로 주일을 지내는 경우가 많습니다. 주일에는 하나님께 예배하고 하나님과 교통하면서 하나님께서 내리시는 평안을 누리며 거룩하게 지내야 합니다. 주일을 구별하여 지키지 않는 것은 도적질과 같은 죄입니다.

예수께서는 특히 산상보훈(〈마태복음〉 5장~7장)에서 하나님의 백성이 마땅히 품고 행해야 할 모범을 가르쳐 주셨습니다.

> 예수께서 무리를 보시고 산에 올라가 앉으시니 제자들이 나아온지라
> 입을 열어 가르쳐 가라사대
> 심령이 가난한 자는 복이 있나니 천국이 저희 것임이요
> 애통하는 자는 복이 있나니 저희가 위로를 받을 것임이요
> 온유한 자는 복이 있나니 저희가 땅을 기업으로 받을 것임이요
> 의에 주리고 목마른 자는 복이 있나니 저희가 배부를 것임이요
> 긍휼이 여기는 자는 복이 있나니 저희가 긍휼히 여김을 받을 것임이요
> 마음이 청결한 자는 복이 있나니 저희가 하나님을 볼 것임이요

> 화평케 하는 자는 복이 있나니 저희가 하나님의 아들이라 일컬음을 받을 것임이요
> 의를 위하여 핍박을 받은 자는 복이 있나니 천국이 저희 것임이라
> 나를 인하여 너희를 욕하고 핍박하고 거짓으로 너희를 거스려 모든 악한 말을 할 때에는 너희에게 복이 있나니 기뻐하고 즐거워하라
> 하늘에서 너희의 상이 큼이라
> 너희 전에 있던 선지자들을 이같이 핍박하였느니라
>
> **마태복음 5:1~12**

또한 사도들은 서신서에서 교회마다 각각 사명과 특성이 있음을 말하고 신앙인이 마땅히 가져야 할 품성과 도덕성을 가르치고 있습니다.

하나님 나라 백성은 하나님의 뜻대로 살아야 합니다. 하나님의 뜻은 하나님의 말씀 성경에 있습니다. 성경은 우리 생활의 기준과 목표를 가르쳐 줍니다. 굳이 사람의 말을 덧붙일 필요가 없습니다.

하나님 나라 백성의 생활이 어떠하여야 하는가를 가르쳐 주는 성경 구절을 발췌하여 봅니다.

1) 하나님을 경외하는 생활

하나님은 천지 만물을 지으시고 다스리는 높은 분이시고 죄와 악을 미워하고 심판하는 분이십니다. 사람은 마음과 뜻을 다하여 하나님을 존경하고 사랑해야 합니다. 구약의 이스라엘은 하나님의 이름을 감히 부르지 아니하였고 하나님께 가까이 가지 못하고 하나님을

보게되면 죽었습니다. 특별한 사람만 하나님을 뵐 수 있었습니다.

"여호와를 경외하는 것이 지식의 근본이어늘 미련한 자는 지혜와 훈계를 멸시하느니라" 〈잠언 1:7〉

"여호와를 경외하며 그 도에 행하는 자마다 복이 있도다 네가 네 손이 수고한 대로 먹을 것이라 네가 복되고 형통하리로다" 〈시편 128편〉

"백성이 돌파하고 나 여호와께로 와서 보려고 하다가 많이 죽을까 하노라 또 여호와께 가까이 하는 제사장들로 그 몸을 성결히 하게 하라 나 여호와가 그들을 돌격할까 하노라" 〈출애굽기 19:21〉

2) 죄를 버리고 성결한 생활을 함

이제 예수를 믿고 새생명을 받은 사람의 정체는 죄와 상관이 없게 된 사람입니다. 그러나 아직 완전히 성화되지 아니한 상태이므로 끊임없이 옛사람이 나타나 하나님 말씀보다 죄를 향하여 가까이 가려 합니다. 오직 성령을 의지하여 옛사람, 육체의 일을 버리고 성결한 생활을 하여야 합니다.

"또한 저희가 마음에 하나님 두기를 싫어하매 하나님께서 저희를 그 상실한 마음대로 내어 버려두사 합당치 못한 일을 하게 하셨으니 곧 모든 불의, 추악, 탐욕, 악의가 가득한 자요 시기, 살인, 분쟁, 사기, 악독이 가득한 자요 수군수군하는 자요 비방하는 자요 하나님의 미워하시는 자요 능욕하는 자요 교만한 자요 자랑하는 자요 악을 도모하는 자요 부모를 거역하는 자요 우매한 자요 배약하는 자요 무정한 자요 무자비한 자라 저희가 이 같은 일을 행하는 자는 사형에 해당하다고 하나님의 정하심을 알고도 자기들만 행할 뿐 아니라 또한 그 일을 행하는 자를 옳다 하느니라" 〈로마서 1:24~32〉

"음행과 온갖 더러운 것과 탐욕은 너희 중에서 그 이름이라도 부르지 말라 이는 성도의 마땅한 바니라 누추함과 어리석은 말이나 희롱의 말이 마땅치 아니하니 돌이켜 감사하는 말을 하라 너희도 이것을 정녕히 알거니와 음행하는 자나 더러운 자나 탐하는 자 곧 우상 숭배자는 다 그리스도와 하나님 나라에서 기업을 얻지 못하리니" 〈에베소서 5:3~5〉

3) 소망을 가지고 선행을 하는 생활

이 세상은 예수께서 다시 오셔서 심판하실 때까지는 공중의 권세잡은 자 사탄의 세력 아래 있기 때문에 신자는 세상의 죄악과 싸우며 외롭고 힘든 길을 가게 됩니다. 하나님의 뜻, 선을 행하는 일은 오히려 고난을 당하게도 됩니다. 그러나 참고 견디며 하나님의 뜻을 행하여야 합니다. 현재의 고난은 장차 오게 될 영광에 비하면 아무것도 아닙니다.

"우리는 그의 만드신 바라 그리스도 예수 안에서 선한 일을 위하여 지으심을 받은 자니 이 일은 하나님이 전에 예비하사 우리로 그 가운데서 행하게 하심이니라" 〈에베소서 2:10〉

"이는 세상에 있는 모든 것이 육신의 정욕과 안목의 정욕과 이생의

"자랑이니 다 아버지께로 좇아 온 것이 아니요 세상으로 좇아 온 것이라 이 세상도 그 정욕도 지나가되 오직 하나님의 뜻을 행하는 이는 영원히 거하느니라" 〈요한일서 2:15~17〉

"우리가 선을 행하되 낙심하지 말지니 피곤하지 아니하면 때가 이르매 거두리라" 〈갈라디아서 6:9〉

4) 교회 생활

교회는 하나님 나라를 나타내는 거룩한 신앙과 사랑의 공동체입니다. 그리스도의 지체들이 함께 예배하고 사랑을 나누는 아름다운 사회입니다. 신자는 각 개인 한사람 한사람이 하나님 앞에서 정직하게 선을 행하면서 사는 것입니다. 그렇게하면 성령께서 신자 한사람 한사람을 그리스도에게 연합시키십니다.

신자들은 각 개인에게 주신 은사의 분량대로 하나님께 헌신하며 한 교회에 속해서 그 교회에 맡기신 사명을 수행하면서 예수 그리스도의 구원과 사랑을 세상에 전하는 것입니다.

"우리 많은 사람이 그리스도 안에서 한 몸이 되어 서로 지체가 되었느니라 우리에게 주신 은혜대로 받은 은사가 각각 다르니 혹 예언이면 믿음의 분수대로 혹 섬기는 일이면 섬기는 일로 혹 가르치는 자면 가르치는 일로 혹 권위하는 자면 권위하는 일로 구제하는 자는 성실함으로 다스리는 자는 부지런함으로 긍휼을 베푸는 자는 즐거움으로 할 것이니라. 사랑엔 거짓이 없나니 악을 미워하고 선에 속하라 형제를 사랑하여 서로 우애하고 존경하기를 서로 먼저하며 부지런하여 게으르지 말고 열심을 품고 주를 섬기라 소망 중에 즐거워하며 환난 중에 참으며 기도에 항상 힘쓰며 성도들의 쓸 것을 공급하며 손 대접하기를 힘쓰라" 〈로마서 12:5~13〉

"오직 사랑 안에서 참된 것을 하여 범사에 그에게까지 자랄지라 그는 머리니 곧 그리스도라 그에게서 온 몸이 각 마디를 통하여 도움을 입음으로 연락하고 상합하여 각 지체의 분량대로 역사하여 그 몸을 자라게 하며 사랑 안에서 스스로 세우느니라" 〈에베소서 4:15~16〉

5) 신앙의 바른 자세

신앙을 가진 사람의 뚜렷한 증거는 '죄를 회개하고 예수 그리스도의 십자가 구원'을 믿는 것입니다. 신앙인은 자신의 옛사람을 그리스도와 십자가에 함께 못박은 것입니다. 옛사람은 죽은 것입니다. 이제부터는 옛사람이 아니라 성령께서 내 안에서 사시며 성령께서 나를 하나님의 백성으로 살게 하십니다. 새사람이 된 것입니다. 신앙인은 자기를 부인하고 오직 성령에 의지하고 성령을 좇아 사는 자입니다.

"내가 이르노니 너희는 성령을 좇아 행하라 그리하면 육체의 욕심을 이루지 아니하리라. 육체의 소욕은 성령을 거스리고 성령의 소욕은 육체를 거스리나니 이 둘이 서로 대적함으로 너희의 원하는 것을 하지 못하게 하려 함이니라 너희가 만일 성령의 인도하시는 바가 되면 율법

아래 있지 아니하리라. 육체의 일은 현저하니 곧 음행과 더러운 것과 호색과 우상숭배와 술수와 원수를 맺는 것과 분쟁과 시기와 분냄과 당 짓는 것과 분리함과 이단과 투기와 술 취함과 방탕함과 또 그와 같은 것들이라. 전에 너희에게 경계한 것같이 경계하노니 이런 일을 하는 자들은 하나님의 나라를 유업으로 받지 못할 것이요, 오직 성령의 열매는 사랑과 희락과 화평과 오래 참음과 자비와 양선과 충성과 온유와 절제니 이 같은 것을 금지할 법이 없느니라" 〈갈라디아서 5:16~26〉
"하나님의 성령을 근심하게 하지 말라 그 안에서 너희가 구속의 날까지 인치심을 받았느니라 너희는 모든 악독과 노함과 분냄과 떠드는 것과 훼방하는 것을 모든 악의와 함께 버리고 서로 인자하게 하며 불쌍히 여기며 서로 용서하기를 하나님이 그리스도 안에서 너희를 용서하심과 같이 하라" 〈에베소서 4:30~32〉

6) 서로 사랑하라

예수께서는 원수를 사랑하라고 하십니다. 예수께서는 원수의 편에 있던 우리를 사랑하시어 죽기까지 하셨습니다. 예수께서는 사람의 가치를 귀중히 여기고 나보다 남을 낮게 여기며 남을 섬기는 자세로 사랑하라고 하십니다. '내가 너희를 사랑한 것과 같이 너희도 서로 사랑하라'고 하십니다. 하나님께서 더러운 죄로 범벅이 되어있는 나를 구원하시려고 누추한 사람들의 세상에 오셔서 고난을 당하신 것입니다. 그 사랑을 배워서 다른 사람을 사랑하라는 것입니다. 사랑은 노력하고 참고 견디는 것입니다.

"사랑은 오래 참고 사랑은 온유하며 투기하는 자가 되지 아니하며 사랑은 자랑하지 아니하며 교만하지 아니하며 무례히 행치 아니하며 자기의 유익을 구치 아니하며 성내지 아니하며 악한 것을 생각지 아니하며 불의를 기뻐하지 아니하며 진리와 함께 기뻐하고 모든 것을 참으며 모든 것을 믿으며 모든 것을 바라며 모든 것을 견디느니라" 〈고린도전서 13:1~7〉

"사랑은 하나님께 속한 것이니 사랑하는 자마나 하나님께로 나서 하나님을 알고 사랑하지 아니하는 자는 하나님을 알지 못하나니 이는 하나님은 사랑이심이라 하나님의 사랑이 우리에게 이렇게 나타난 바 되었으니 하나님이 자기의 독생 자를 세상에 보내심은 저로 말미암아 우리를 살리려 하심이니라" 〈요한일서 4:7~9〉

7) 거룩한 생활

거룩하다는 것은 세상과 구별된다는 것입니다. 세상의 목표, 가치, 습관에 따르지 않고 하나님의 말씀 성경이 가르치는 대로 사는 것이 거룩한 생활입니다.

"오직 너희를 부르신 거룩한 자(예수)처럼 너희도 모든 행실에 거룩한 자가 되라" 〈베드로전서 1:15〉

기독교 용어 정리

루터의 95개조

기독교 용어 정리

가나안 (Canaan)
노아의 아들 함의 막내 아들. 가나안 족속의 조상. 가나안 족속들이 살았던 지역으로 죄악이 관영하여 하나님께서 심판하여 멸망시키시고 이스라엘 백성들이 살게 하셨다.

가인과 아벨 (Cain and Abel)
아담과 하와의 두 아들로서 형 가인이 아벨을 죽였다. 인류 최초의 살인.

갈릴리 (Galilee)
이스라엘 북쪽 지역으로, 갈릴리 바다(호수)가 있으며, '촌스럽고 가난하며 무식한 사람들'이라는 의미가 있었다. 예수께서는 가난하고 약한 자들에게 하나님 나라를 전하기 시작하셨다.

감람나무 (Olive Tree)
올리브 나무, 남부 유럽, 지중해 연안에서 서식하는 나무로서 열매와 기름을 식용으로, 목재는 가구로 쓰이며 수령은 1천 년 이상이고 열매를 맺는다.

감람산 (Mt. of Olive)
예루살렘 동편에 있는 산으로 옛날부터 지금까지 감람나무가 무성하게 자라고 있다. 예수께서 마지막 기도를 하시던 곳이다.

거룩 (하다) (Holy)
하나님의 속성으로서 갈라내다, 다르다. '성별하다', '두려움', '도덕적으로 완전함'을 총칭하는 의미이다.

계시 (Revelation)
하나님께서 인간을 위하여 하나님 자신을 나타내고 가르치심. 예수께서는 하나님을 친히 계시하셨다.

골고다 (Golgotha)
그리스도께서 십자가에 못 박혀 돌아가신 언덕. 갈보리.

골리앗 (Goliath)
엘라 골짜기에서 이스라엘과 싸웠던 블레셋의 거인 장수. 소년 다윗에게 죽임을 당했다.

교리 (Dogma, Doctrine)
교회에서 기본적으로 가르치는 진리의 요점.

교회 (Church)
하나님께 예배를 드리고 성례를 행하는 거룩한 신앙 공동체이다.
예수께서 베드로와 제자들에게 교회를 세우시겠다는 약속을 하셨다. 오순절에 성령께서 오셨고, 그 후 제자들은 성령의 능력으로 예루살렘으로부터 시작하여 땅 끝까지 복음을 전하기 시작하였다. 교회는 그리스도가 머리이며 교인들은 각 지체로서 예수와 유기적으로 연결되어 있다. 통일성, 거룩성, 보편성의 속성이 있으며 사도들에 터를 두고 있다.

구원 (Salvatiori)
스스로 빠져 나올 수 없는 어려운 처지에서 도움으로 벗어나는 것. 우리는 죄와 사망의 늪에서 스스로 빠져 나올수 없는 존재이다. 오직 예수 그리스도의 십자가 공효로 구원을 받게 된다.

그리스도 (Christ)
메시야, 왕, 제사장, 선지자의 직분으로 예수님의 직함이다.

그리스도인 (Christian)
예수 그리스도를 믿는 사람.

기도 (Prayer)
하나님과 그의 백성이 교통하는 수단으로 크게 찬양과 간구로 구별할 수 있다. 찬양은 창조주 하나님의 섭리의 사실을 믿고 고백하는 것이며, 간구는 생활 가운데 일어나는 신자의 모든 것을 고백하고 아뢰고 구하는 것이다.

주기도문 (The Lord's Prayer)
예수께서 제자들에게 가르쳐 준 기도, 기도의 모범.

"하늘에 계신 우리 아버지여,
이름이 거룩히 여김을 받으시오며, 나라이 임하옵시며,
뜻이 하늘에서 이룬 것같이 땅에서도 이루어지이다.
오늘날 우리에게 일용할 양식을 주옵시고,
우리가 우리에게 죄 지은 자를 사하여 준 것같이
우리의 죄를 사하여 주옵시고,
우리를 시험에 들게 하지 마옵시고,
다만 악에서 구하옵소서.
대개 나라와 권세와 영광이
아버지께 영원히 있사옵나이다. 아멘."

기름 부음 (기름 부음 받은 자)
사람이나 물건 위에 기름을 바르거나 붓는 의식. 기름 부음을 받았다는 것은 이스라엘 왕이라는 증표이다. 신약 시대에는 보편화되어 잔치 때 기쁨과 감사의 표시로 손님에게 바르기도 했다.

낙원(Paradise)
에덴동산을 말하는데, 범죄한 아담은 이 낙원에서 쫓겨났다. 예수께서 십자가에서 주를 믿은 강도에게 "네가 오늘 나와 낙원에 있으리라" 하신 낙원은 천당을 의미한다. 사람이 죽으면 즉시 그 영혼은 낙원(천당) 아니면 음부로 간다. 예수께서 심판하실 때 낙원에 있는 자는 새 하늘 새 땅에, 음부에 있는 자는 지옥으로 가게 된다.

다윗 (David)
이스라엘의 두 번째 왕이나 실질적으로는 하나님께서 세운 이스라엘의 첫번째 왕으로서 하늘에 계신 하나님을 높인 이스라엘의 대표적인 왕이다. 다윗 왕은 장군으로 주위 나라를 평정하였고, 선지자로서 하나님의 말씀을 맡았으며, 시인이요 정치가였다.

마리아 (Mary)
나사렛에서 살았고 목수 요셉과 정혼하였을 때, 가브리엘 천사가 찾아와 하나님의 아들 예수를 낳을 것을 예고받았다.
마리아는 다윗의 후손으로 성자 예수의 어머니가 되는 영광을 얻게 되었는데, 그는 구약을 통하여 계시한 하나님을 경외하고 메시야를 기다리는 참 신앙인이었다. 천주교에서는 신적인 존재라고 말한다.

만나 (Manna)
이스라엘 백성들이 이집트를 떠나 40년간 광야 생활을 할 때 하늘에서 내려온 양식으로 매일 하루 분을 일용할 양식으로 받았다. 욕심으로 저축하거나 더 가졌을 경우 그 다음날은 썩어 버렸다.

모세 (Moses)
이스라엘을 이집트 노예 상태에서 구출하여 이스라엘 독립 국가를 세운 지도자. 하나님으로부터 율법을 받았으며, 그 법은 오늘까지 하나님의 백성들에게 유효하다.

목사 (Minister, Paster, Reverend)
사도시대 이후 하나님의 말씀을 맡아 교회를 세우고 가르치고 돌보는 직무를 담당하는 사람. 목사는 성경을 깊이 연구하여 가르치고 경건한 생활로 신앙의 모범을 보이며 하나님을 사랑하고 사람을 사랑하는 사람이어야 한다.

바리새인 (파) (Pharisees)
유대교의 종파 중 하나로서 유대교의 규례를 엄격히 지켰고 천사와 부활을 믿었다. 회당을 중심으로 유대인들에게 율법으로 구원을 얻는다고 가르쳤다. 예수님께서 율법의 본의와 본질을 중심으로 가르치고 행하신 일을 맹렬히 비난하였다.

바울 (Paul)
처음에는 바리새인으로 기독교인을 박해하였으나 다메섹 도상에서 하늘의 예수를 만난 후 회개하여 예수의 제자가 되어 초대 교회를 세우는 데 지대한 공헌을 한 사람이다 (A.D.10?~67?).

베드로 (Peter)
예수님의 열두 제자 중의 한 사람으로 늘 예수님 가까이에서 활동적으로 예수님을 따르던 제자이다. 그의 신앙고백 "주는 살아 계신 하나님의 아들이니이다"는 매우 유명하다(?-A.D.64?).

복음 (Gospel)
좋은 소식, 예수 그리스도를 통한 구원의 기쁜 소식.

부활 (Resurrection)
예수께서는 십자가에서 인류를 구원하기 위하여 그들의 죄값인 지옥형벌을 받고 죽으셨다. 죽어 장사되었다가 제3일 되는 날 새벽에 부활하여 40일 동안 제자들과 지내다 하늘에 오르셨다. 예수께서 다시 오시어 심판할 때 그의 백성들도 부활하게 된다.

사탄 (Satan)
타락한 영들의 우두머리. 하나님의 대적의 우두머리. 공중에 권세를 잡은 자로서 악한 영들을 거느리고 사람들 위에 군림하여 하나님께 나가는 길을 방해하는 일을 아담 때로부터 지금까지, 또한 장차 심판받아 불못에 들어갈 때까지 그 권세를 행사한다.

사도 (Apostle)
예수 그리스도의 제자. 바울도 사도로 칭한다. 사도들은 예수님의 지상에서 가르침을 직접 받았고 함께 지내며 그의 십자가 고난과 부활, 승천을 직접 경험하였으며 그 사실을 세상 끝까지 전하였다.

사도신경 (Apostles Creed/ The Credo)
사도들이 쓴 것이 아니라, 개교회들의 신앙고백을 토대로 점진적으로 형성되었고, 2세기 말에 현재의 형태를 갖추었다.

"전능하사 천지를 지으신 하나님 아버지를 내가 믿사오며
그 외아들 우리 주 예수 그리스도를 믿사오니
이는 성령으로 잉태하사 동정녀 마리아에게 나시고
본디오 빌라도에게 고난을 받으사 십자가에 못박혀 죽으시고
장사한 지 사흘 만에 죽은 자 가운데서 다시 살아나시며
하늘에 오르사 전능하신 하나님 우편에 앉아 계시다가
저리로서 산 자와 죽은 자를 심판하러 오시리라
성령을 믿사오며 거룩한 공회와 성도가

서로 교통하는 것과 몸이 다시 사는 것과
영원히 사는 것을 믿사옵나이다. 아멘"

삼위일체 (Trinity)
성부 하나님, 성자 예수, 성령께서 三位의 인격이시나 한분 하나님이심을 뜻함.

서기관 (Teachers of the Law)
모세 율법을 해석하는 교사, 토라의 다양한 교훈을 자기들의 시대와 상황에 맞게 해석하는 교사들 바리새인들의 해석을 지지하였다.

선지자 (Prophets)
하나님의 계시를 받아 왕이나 백성들에게 하나님의 뜻을 전하는 사람들.

성경 (Bible)
하나님께서 사람을 구원하기 위하여 선지자들에게 계시하여 사람의 말로 기록한 하나님의 말씀이다. 구약 39권, 신약27권, 총 66권으로 되어 있다.

성령 (Holy Spirit)
삼위일체의 제3위 하나님. 하나님의 영이시며 창조 시에 활동하였고 창조한 만물을 섭리하고 있으며 선지자들을 통하여 하나님의 말씀을 기록하도록 유기적으로 영감을 부여하였으며, 신약에서는 교회를 세우고 신자에게 믿음을 심어 주며 신앙 생활을 할 수 있도록 능력을 주신다.

성육신 (Incarnation)
하나님이신 예수께서 사람의 몸을 취하여 오신 사실.

성전 (Temple)

모세에게 주신 율법을 따라 제사장과 백성들이 하나님께 나가 예배하는 곳으로, 출애굽 시 이스라엘은 이동식 성막을 지었다. 솔로몬이 성전을 지었으나 바벨론의 침공으로 불탔는데 바벨론 포로생활에서 귀환하여 제2성전을 재건하였다.

성찬 (Lord's Supper)

그리스도께서 잡히시기 전날 밤 제자들과 만찬을 나누시면서 떡은 예수님의 몸이요 포도주는 우리의 죄를 위하여 흘리신 피라고 하시면서, 예수께서 우리 죄를 위하여 죽으신 사실을 대대로 기억하고 기념하도록 제정한 성례이다. 성례에는 세례와 성찬이 있다.

성탄절 (Christmas)

하나님이신 예수께서 사람의 몸을 입고(성육신) 사람들이 사는 땅에 오신 것을 기념하는 절기이다.

세례 (Baptism)

예수 그리스도의 은혜로 죄 씻음을 상징하는 예식으로 믿음으로 받을 때 의미와 실효가 있으며 단회적인 성례이다.

소돔 (Sodom)

사해 지역에 있던 성읍으로 아브라함의 조카 롯이 그곳에 가서 살았다. 죄악이 심하여 하나님께서 유황불로 멸망시킨 도시이다. 소돔과 고모라는 하나님의 죄에 대한 심판을 상징한다.

속죄 (Atonement)

예수 그리스도께서 사람의 죗값을 치르는 십자가 형벌을 대신 받음으로 하나님의 용서를 받게 된 사실로서, 속죄의 공효를 입은 사람만이 구원을 받아 하나님 앞에 나아갈 수 있게 된다. '구속', '대속'이라고도 한다.

솔로몬 (Solomon)
다윗 왕의 아들로서 왕위를 계승하였다. 성전을 짓고 잠언과 전도서를 썼으며, 지혜의 대명사가 될 정도로 하나님에게서 지혜를 받은 왕이다.

심판 (Judgment)
승천하신 예수께서는 인류 역사가 끝날 때 심판의 왕으로 오시어 사람들의 죄악을 다스리실 것이다. 예수를 믿지 않는 자는 지옥의 형벌을 받게 된다.

십일조 (Tithe)
이스라엘 열두 지파 중 열한 지파는 기업(땅)을 받았다. 레위 지파는 하나님께 예배드리고 제사장의 일에 전념하여야 하므로 일반 생업 활동을 하지 않았다. 열한 지파가 소득의 10분의 1을 내어 레위 지파와 하나님께 예배드리는 일에 소용되는 몫을 충당하였다.

십자가 (Cross)
고대의 사형 집행 기구로서 산 채로 사지에 못을 박아 매달았다. 예수께서 죄인들의 형 집행 기구인 십자가에 달리심으로 그 후 십자가는 구속, 구원, 사랑의 의미를 가지게 되었다.

아담 (Adam)
하나님께서 창조한 인류 최초의 사람. 모든 인류는 아담으로부터 나왔다. 그의 아내 하와는 아담의 뼈 중의 하나로 만드셨다. 아담이 하나님의 언약을 저버리고 범죄하여 모든 인류가 죄와 사망 가운데 빠지게 되었다.

아멘 (Amen)
'확고하다', '후원하다', '그렇습니다', '그렇게 될지어다', '동의한다', '이루어질 것을 믿는다', '맹세한다'를 뜻하는 말로서 주로 기도·찬송·설교의 끝에 덧붙인다.

아브라함 (Abraham)
이스라엘의 시조이며 믿는 자의 조상이다. 당시 갈대아 우르는 도시 문명이 발달한 곳이었으나 하나님께서 불러내어 새로운 땅 가나안으로 갈 것을 지시하셨을 때 순종하여 가솔들(3천 명 이상의 부족)을 데리고 떠났다. 하나님으로부터 구원의 언약을 받았으며 그 아들 이삭, 이삭의 아들 야곱으로 이어져 마침내 이스라엘이라는 나라를 이루었다.

알파와 오메가 (Alpha and Omega)
시작과 끝. '처음과 마지막'을 뜻하는 헬라어 알파벳 맨 처음 A와 끝자 Ω으로서 모든 것의 근원이며 목적이 되시는 하나님의 성호와 그리스도를 지칭함.

언약 (Covenant)
하나님의 구원의 약속 하나님께서 아담에게 "생육하고 번성하라", "선악을 알게 하는 나무의 실과를 먹지 말라"는 약속을 하시고 아브라함에게 "너로 말미암아 천하 만민이 복을 얻게 되리라", "내가 너로 큰 민족을 이루어 하늘의 별과 같이 바다의 모래같이 네 자손이 많게 하리라" 하는 구원의 약속을 하시고 마침내 예수를 보내서 완성하셨다.

예루살렘 (Jerusalem)
다윗 성, 유다와 통일 왕국의 수도이며 유대교, 기독교, 이슬람의 성도, 성 전이 있던 곳으로 기독교 신앙의 본향 같은 도시. 장차 예수께서 다시 오셔서 지을 성을 새 예루살렘이라 함.

예배 (Worship)
창조주 하나님, 구원을 성취하신 성자, 믿음의 능력을 주시는 성령, 이러한 삼위 하나님께 찬송과 기도를 드리며 하나님의 말씀을 듣는 형식의 예식으로서, 반드시 신령과 진정으로 예배를 드려야 한다. 신령이란 성령의 조명과 인도, 가르침으로 나아가는 것이며, 진정이란 진심으로 하나님을 찾는 마음을 말한다.

임마누엘 (Immanuel)

하나님께서 '우리와 함께 하신다'는 뜻. 이사야는 예수께서 태어날 때를 예언하면서 임마누엘이라는 말을 사용하였다. 예수의 이름과 동일시한다.

제사장 (Priest)

구약에서는 하나님과 사람 사이의 중개 역할을 하였다. 주로 아론의 후손들이 제사장 일을 하였는데, 신약에서는 예수님과 예수님께 연합되어 있는 만인이 제사장이 된다.

지옥 (Hell)

하나님을 떠난 사람들이 심판을 받아 가게 되는 장소이다.

천당 (Heaven)

예수를 믿는 사람이 죽으면 즉시 그 영혼이 가게 되는 곳이다. 믿는 사람의 육신은 기능을 멈추고 무덤에서 잠을 자다가 부활의 날에 다시 살아나게 된다.

할렐루야 (Hallelujah)

히브리어 알렐루이아(Alleluia)에서 나온 말로 찬양의 환호성이다. "여호와를 찬양하라"는 의미이다.

루터의 95개조

1. 우리들의 주님이시며 선생이신 예수 그리스도께서 "회개하라..." (마 4:17)고 말씀하실 때 그는 신자들의 전 생애가 참회(깊이 뉘우치는 것)가 되어야 한다는 것을 의미한다.

2. 이 말씀은 하나님께 드리는 성례전적 참회 곧 사제의 직권으로 수행하는 고백과 속죄로서 이해할 수는 없다.

3. 그러나 이 말씀은 다만 내적인 회개만을 뜻한 것은 아니다. 그럴 수도 없다. 만일 그 같은 회개가 육신의 정욕의 여러 가지 억제를 외부로 나오지 않게 한다면 그 회개는 무가치한 것이다.

4. 그런고로 사람이 자기 자신을 미워하는 한에는(참 내적 참회) 형벌이 계속될 것이다. 즉 우리가 하늘나라에 들어갈 때까지 계속될 것이다.

5. 법황은 그 직권 혹은 교회법의 위세로 부과된 형벌 이외의 어떤 벌이든지 용서할 힘이나 뜻을 가지지 못한다.

6. 교황은 하나님께서 죄를 사하였다는 것을 선언 혹은 시인하는 이외에 어떤 죽든지 사할 힘이 없다. 기껏해야 그 자신에게 주어진 사건들을 그가 사하는 데 불과한 것이다. 이런 경우에 있어서도 만일 그의 사죄하는 기능이 업신여김을 당하게 될 때 사함받았다는 죄는 확실히 그대로 잔재한 것이다.

7. 하나님께서는 그의 대행자인 사제의 권력에는 전적으로 복종하면서도 그 밖의 다른 모든 일에 대해서는 겸손할 줄 모르는 자의 죄를 결코 사하시지 않으신다.

8. 참회에 관한 교회법은 산 사람에게만 부과되는 것이며 임종에 처한 사람에게는 어떤 부담이든지 그 법(모든 벌에 대한 교회의 규정에 의하여 부과되어서는 안 된다.

9. 그러므로 교황을 통하여 역사하시는 성령께서는 죽음과 곤궁의 경우를 예외로 취급하는 교황의 법령에서 우리에게 자비를 행하신다.

10. 임종에 처한 자에 대하여 연옥 문제를 내세워서 종교상의 속죄를 보류하는 사제들의 행위는 잘못된 것이며 무지하고 어리석은 것이다.

11. 종교상의 벌을 연옥의 벌로 변경시키는 '가라지'는 확실히 감독들이 잠자는 동안에 심겨진 것이라고 보인다 (마 13:25).

12. 종전의 예로서 종교상의 벌은 진실한 회오의 증거로서 사면의 뒤가 아니라 전에 부과되었던 것이다.

13. 임종에 처한 자는 죽음으로써 자유롭게 되며 교회 법령의 여러 요구에 대하여 이미 죽은 것이 되고 그 법령의 형벌에서 정당하게 자유 해방된다.

14. 죄로 말미암아 죽음에 이르는 사람의 심령의 불완전한 건강과 사랑은 반드시 큰 공포를 초래할 것인데 그 불완전성이 크면 클수록 더 큰 공포가 따를 것이다.

15. 이 불안과 공포만으로도(다른 것은 말하지 않는다 치고라도) 연옥의 고통을 구성한다. 그 고통은 절망의 공포에 매우 가까운 때문이다.

16. 지옥과 연옥과 천국의 다른 점은 절망의 상태와 절망에 이르는 상태와 구원의 확실성과의 차이와 같다고 볼 수 있다.

17. 연옥에 가 있는 영들은 공포의 감소와 사랑의 증가를 확실히 체험할 것이다.

18. 이상의 영들이 공적의 상태나 사랑의 증가 밖에 있다는 것은 이성으로나 성서적 근거로 증명할 수 없는 것 같이 보인다.

19. 구원의 축복의 정확성과 확실성에 관하여 우리들은 아무 의문을 가지지 않았다고 할 것 이로되 연옥에 있는 영들의 대부분을 위하여서는 증명할 수 없는 것 같이 보인다.

20. 그런고로 교황이 "모든 죄의 완전한 사면"을 말할 때 그는 단순히 모든 죄의 용서를 뜻 하는 것이 아니며 그 자신에 의해서 부과된 죄의 사면을 의미하는 것이다.

21. 그러므로 교황의 면죄로써 인간은 모든 형벌로부터 해방되며 구원받을 수 있다는 것을 선전하는 면죄증 설교자들은 모두 오류에 빠져 있는 것이다.

22. 사실상 교황은 연옥에 있는 영혼에 대해서 어떤 형벌도 사할 수 없다. 이 형벌은 교회법 에 의하여 현세에서 받아야만 하는 것이다.

23. 만일 누구에게든지 모든 형벌의 전적 사면이 허락된다면, 그러한 사면은 확실히 가장 완전한 사람 즉 극소수의 사람에게만 주어진다.

24. 그렇기 때문에 대부분의 사람들은 형벌로부터 해방된다는 무제한적이고 어마어마한 약속에 의하여 드러내놓은 사기를 당하고 있는 것이다.

25. 교황이 연옥에 대하여 일반적으로 가진 것과 같은 권위를 모든 감독과 특히 목사는 자 기의 감독구나 교구 안에서 가지고 있는 것이다.

26. 교황은 열쇠(천국)의 힘으로서가 아니고(사실 그와 같은 힘이란 것이 당치도 않지만), 대 도(代禱)의 방법으로 영혼들에게 사죄를 허락한다는 것은 아주 잘하는 일이다.

27. 연보궤 안에 돈이 딸랑 소리를 내자마자 영혼은 연옥에서 벗어나온다고 말하는 것은 인 간의 학설을 설교하는 것이다.

28. 돈이 연보궤 안에서 딸랑 소리를 낼 때 이득과 탐욕이 증가한다는 것은 틀림없다. 동시 에 성직자의 대도(代禱)의 응답 여부는 오로지 하나님의 선한 뜻에 달려 있는 것이다.

29. 마치 성 세베린과 파스칼리스에 관한 전설에 있는 것과 같이 연옥에 있는 모든 영혼이 그곳으로부터 구원받기를 원하는지 어떠한지를 그 누가 알 것인가!

30. 누구든지 자기 참회의 진실성에 대해서도 확신을 못 가지는데 하물 며 남의 죄가 완전한 사면을 받았는지를 어떻게 밝히 알 수 있을 것인가!

31. 진실로 회개한 사람이 드문 것 같이 진심으로 면죄증을 사는 사람도 드물다. 말하자면 그러한 사람은 거의 없는 것이다.

32. 면죄증서에 의하여 자신의 구원이 확실하다고 스스로 믿는 사람은 그것을 가르치는 사람들과 함께 영원히 저주를 받을 것이다.

33. 교황의 사면을 가리켜 인간이 하나님과 화해되는 측량할 수 없는 하나님의 선물이라고 말하는 사람들은 우리가 특별히 경계하지 않으면 안 된다.

34. 왜냐하면 이 사면의 은총은 인간에 의하여 정해진 예전적인 사죄 행위의 형벌에만 적용되기 때문이다.

35. 연옥으로부터 영혼을 속량한다거나 고백장을 사는 사람은 참회할 필요가 없다고 가르치는 자는 비기독교적 교리를 가르치는 사람이다.

36. 어떠한 크리스천이고 진심으로 자기 죄에 대해서 뉘우치고 회개하는 사람은 면죄증서 없이도 형벌과 죄책에서 완전한 사함을 받는다.

37. 참다운 크리스천은 죽은 자나 산자나 면죄증이 없이도 하나님께서 주시는 그리스도와 교회의 모든 영적 은혜에 참여하는 것이다.

38. 그러나 교황이 주는 면죄와 그의 관여를 결코 무시해서는 안 된다. 왜냐하면 이미 말한 대로 그것은 하나님의 사면의 선언이기 때문이다.

39. 면죄증에 대한 관대한 생각과 참다운 회개의 필요성을 동시에 사람들에게 권장한다는 것은 박식한 신학자에게 있어서도 매우 어려운 일이다.

40. 참다운 회개는 형벌을 달게 받는다. 그러나 면죄증에 대하여 관대한 것은 형벌을 등한시하게 하고 슬퍼하게 하며 설혹 그렇지 않다 하더라도 그와 같은 기회를 주는 것이다.

41. 사도 계승의 면죄(교황의 사면을 의미함)는 사람들이 결코 그것을 사람의 다른 선한 일(선행)보다 더 중요한 것 같이 오해하지 않도록 신중하게 설교하지 않으면 안 된다.

42. 면죄증이 속죄를 자선사업과 비교하여 생각한다는 것은 교황의 의도가 아님을 크리스천에게 가르쳐야 한다.

43. 가난한 사람을 도와주고 필요한 사람에게 꾸어 주는 것이 면죄증을 사는 것보다도 선한 일이라는 것을 크리스천들에게 가르쳐야 한다.

44. 왜냐하면 사랑은 사랑을 베푸는 일로써 성장하고 그 인간은 선을 행하는 사람보다 선하게 되지만, 면죄증으로써는 인간이 보다 선하게 되지 못하고 다만 형벌로부터 보다 자유롭게 되는 것뿐이다.

45. 가난한 사람을 보고도 본체만체 지나가 버리고(요 3:17) 면죄를 위해서 돈을 바치는 사람은 교황의 면죄가 아니라 오히려 하나님의 진노를 사 는 것임을 크리스천들에게 가르쳐야 한다.

46. 풍부한 재산의 여유를 가지지 못한 자라면 자기 가족을 위하여 필요한 것을 저축할 의무가 있으며(딤전 5:8) 결코 면죄증 때문에 낭비해서는 안 된다는 것을 크리스천들에게 가르쳐야 한다.

47. 면죄증을 사는 것은 사고 안사는 것은 자유로운 일이요 결코 그렇게 하라고 강요된 것이 아니라는 것을 크리스천들에게 가르쳐야 한다.

48. 교황은 면죄증을 주는 일에 있어서 가져오는 돈보다도 오히려 자 를 위해 겸허한 기도를 드리는 것을 필요로 하고 바란다는 것을 크리스천들에게 가르쳐야 한다.

49. 교황의 면죄증은 사람들이 만일 그것에게 신뢰를 두지 않는다면, 유용하다. 그러나 그것 때문에 사람들이 하나님께 대한 두려움을 잃는 일이 있다면 매우 해로운 일이라는 것을 크리스천들에게 가르쳐야 한다.

50. 만일 교황이 면죄증 설교자들의 행상 행위를 안다면, 자기 양의 가죽과 살과 뼈로써 성 베드로 교회당이 세워지는 것보다는 차라리 이것을 불태워 재로 만드는 것을 좋아할 것임을 크리스천들에게 가르쳐야 한다.

51. 어떤 면죄증 설교자들에게 돈을 빼앗긴 많은 사람들에게 교황은 필요하다면 성 베드로의 교회당을 팔아서라도 그 자신의 재산으로 갚아주려고(당연하기는 하나) 한다는 것을 크리스천들에게 가르쳐야 한다.

52. 면죄증서로 구원 받을 것은 신뢰하는 것은 헛된 것이다. 비록 판매 위탁자가, 아니 교황 자신이 그 증서에 대해서 자기 영혼을 걸고 보증한다 하더라도 그렇다.

53. 면죄증 설교로 인하여 하나님의 말씀이 다른 교회에서 아주 잠잠하여지도록 한 사람들은 그리스도와 교황의 적이다.

54. 설교하는 데 있어서 면죄증 때문에 하나님의 말씀과 같은 시간 또는 보다 더 긴 시간을 쓰는 것은 그 말씀에 대하여 부정을 행하는 것이다.

55. 만일 매우 적은 가치만을 지닌 면죄증이 하나의 '방울'과 행렬과 의식으로써 축하하게 된다면 가장 큰 가치를 지닌 복음은 백 개의 방울과 백의 행렬과 의식으로써 찬양해야 된다는 것이 교황의 의사임에 틀림없을 것이다.

56. 그것으로써 교황이 면죄를 주는 교회의 장보(藏寶)는 그리스도인들 가운데서 충분히 표시되지도 않았고 알려지지도 않았다.

57. 그것이 현세적인 보화가 아니라는 것은 분명한 일이다. 왜냐하면 많은 설교자(면죄증 판매인)들이 이와 같은 보화를 쉽사리 분여하지 않고 도리어 쌓아 두려고만 했기 때문이다.

58. 또 그 '장보'는 그리스도나 성자들의 공로도 아니다. 왜냐하면 이것들은 교황의 도움과 전혀 독립적으로 항상 속사람에게는 은총을 주고 겉사람에게는 십자가와 죽음과 지옥을 주기 때문이다.

59. 성 로렌티어스는 가난한 사람들은 교회의 보배라고 말했지만, 그는 그 시대 그 당시에 사용된 어의에 따라 말한 것이다.

60. 예수 그리스도의 공로로 주어진 교회의 열쇠가 바로 그 '장보'라고 우리가 말해도 합당할 것이다.

61. 왜냐하면 형벌의 면죄와 교황 관리의 보유사건을 위해서는 교황의 권능만으로도 충분하다는 것이 명백한 일이기 때문이다.

62. 교회의 참 '장보'는 하나님의 영광과 은총의 가장 거룩한 복음이다.

63. 그렇지만 이 '장보가' 먼저 된 것을 나중 된 것으로 하기 때문에 매우 증오를 받는 것은 당연한 일이다 (마 19:30, 20:16, 눅 13:30).

64. 그와 반대로 면죄증의 '장보'가 나중된 것을 먼저 된 것으로 하기 때문에 매우 애호를 받는 것은 당연한 일이다.

65. 그러므로 옛날에 있어서 복음의 '장보'는 돈 많은 사람들을 낚던 그물이었다.

66. 면죄증의 '장보'는 오늘날도 그것을 가지고 사람의 재산을 낚는 그물이다.

67. 면죄증 설교자들이 '가장 큰 은총'이라고 소리 높이 부르짖는 면죄증은 이익을 증가시키는 한에서는 사실인 것처럼 보인다.

68. 그렇지만 하나님의 은총과 십자가의 경건에 비하면 그것(면죄)은 참으로 아무것도 아닌 것이다.

69. 감독들과 교구 교사들은 사도 계승의 면죄의 대리자들을 전적인 경의를 가지고 받아들일 의무를 가지고 있다.

70. 그러나 일층 더 큰 의무는 눈을 활짝 뜨고 귀를 바짝 기울여서 교황의 위임한 것 대신에 자기들의 꿈을 설교하지 않도록 주의하지 않으면 안 된다는 것이다.

71. 사도계승의 면죄의 진리에 반대하여 말하는 자는 추방과 저주를 받을지어다.

72. 그러나 다른 한편 면죄증 설교자들의 해롭고 뻔뻔스런 말에 대항하는 자는 복이 있을지어다.

73. 어떤 방법으로든지 면죄증 판매를 방해하고자 하는 사람에 대해서 교황이 책망할 것은 당연하다고 하지마는!

74. 면죄증을 구실삼아 거룩한 사랑과 진리를 방해하려고 기도하는 사람에 대해서 교황은 한층 더 심한 분노로 임할 것이다.

75. 교황의 면죄증에도 굉장한 능력이 있어 - 불가능한 말이기는 하지만-하나님의 어머니를 능욕한 인간까지라도 용서할 수 있다고 생각하는 것은 정신 빠진 생각이다.

76. 그와 반대로 교황의 면죄증이 가장 작은 죄라 할지라도 그 죄책에 관하여서는 없이 할 수 없다는 것을 우리들은 주장한다.

77. 만일 성 베드로가 교황이었다 할지라도 면죄 이상의 큰 은총을 줄 수 없다고 말하는 것은 성 베드로나 교황에 대한 모독이다.

78. 그와 반대로 현 교황이나 또는 다른 어떤 교황이라도 면죄보다 큰 은총 즉 <고린도 전서> 12장에 가르치는 복음과 여러 가지 능력 또는 병 고치는 은사들을 가지고 있다고 우리들은 주장한다.

79. 교황이 팔로 장식된 십자가상이 그리스도의 십자가와 똑같은 능력이 있다고 말하는 것은 모독이다.

80. 이와 같은 가르침이 사람들 가운데 선포되는 것을 묵인하는 감독과 교구 목사들과 신학자들은 이에 대한 책임을 져야 한다.

81. 그와 같은 뻔뻔스런 면죄 설교로 비방과 또는 일반 세인의 의심 없는 날카로운 반대로부터 교황에 대한 존경을 수호하기란 제아무리 박식한 사람에게 있어서도 쉬운 일이 아니다.

82. 예로서 만일 교황이 베드로 성당에 소비될 썩어질 금전으로 인하여 수없이 많은 영혼을 구원한다고 할 것이면(이것도 구실에 불과하지만) 어찌하여 가장 정당하다고 볼 수 있는 이유, 즉 거룩한 사랑과 영혼들의 최고의 필요를 위하여 연옥을 비우지 않는가?

83. 또한 이미 구속받은 사람을 위한 기도는 부당한 일인데 무엇 때문에 죽은 사람의 장례식이나 연기제를 계속 하는가? 또 무엇 때문에 교회은 그런 목적으로 교회에 바친 기부금을 돌려주지 않으며 혹은 그것(기부금)의 취소를 허락하지 않는가?

84. 또한 돈 때문에 불경건한 자와 하나님의 원수들로 하여금 그의 사랑을 받는 경건한 영혼을 구하도록 허락하면서, 그 경건한 영혼 자신의 필요를 위하여서는 사랑하는 마음으로 그를 구해내지 않는다는 것은 하나님과 교황의 어떤 새로운 신성함인가?

85. 또한 참회에 관한 교회의 법규는 사실상 오랫동안 사용치 않았기 때문에 폐지되고 사문화되었는데, 왜 아직 돈으로 인한 면죄증 부여를 통하여 구해내는 것 같이 인정하지 않으면 안 되는가?

86. 또한 오늘날 제일 부자의 재산보다도 더 많은 재산을 가진 교황이 가난한 신자의 돈으로 행하는 대신 차라리 자기의 돈으로 성 베드로 교회당쯤은 세울 수 있지 않는가?

87. 또한 완전한 참회로 충분한 사면과 속죄에 대한 편리를 가진 사람들에게 무엇을 사하려 하고 무슨 영적 은혜에 참여시키려는가?

88. 또한 교황이 각 신자에게 사면과 은총의 참여를 지금 하루에 한번 주는 것을 만일 하루에 백번 준다고 한다면 교회는 얼마나 더 큰 축복을 얻게 되겠는가 (면죄증에는 그것으로써 한 번만 사죄 된다는 것이 표시되어 있다)?

89. 만일 교황이 면죄증으로써 돈보다도 영혼의 구원을 생각하였다고 본다면, 무엇 때문에 그는 오래 전부터 주어 오던 증서나 면죄증을 정지하는가? 똑같은 효력을 가졌음에 틀림없지 않는가?

90. 일반 세인이 열거한 반론에 대하여 떳떳한 이유를 들어 해결하지 않고 다만 권력으로만 억압하는 것은 교회와 교황을 원수의 조롱거리가 되게 만드는 일이요 또 크리스천을 불행하게 만드는 것이다.

91. 그러므로 만일 면죄증이 교황의 정신과 의도에 따라 선전된다면, 이 모든 문제는 쉽사리 해결되었을 것이다. 아니 그것은 존재하지도 않았을 것이다.

92. 그런고로 그리스도의 백성을 향하여 평안도 없는데 "평안 평안"하고 부르짖는 예언자들은 다 물러가라 (겔 13:10, 16, 렘 6:14, 8:11, 살전 5:3).

93. 그러나 그리스도의 백성을 향하여 "십자가, 십자가"하고 부르짖는 모든 예언자들은 축복을 받을 지어다. (사실) 십자가는 없는 것이다.

94. 크리스천은 저희의 머리되시는 그리스도만을 고통과 죽음과 지옥을 통과해서라도 따르도록 가르쳐져야 한다.

95. 이같이 하여 크리스천으로 하여금 위안에 의해서보다 오히려 많은 고난을 통하여 하늘 나라에 들어가는 데 더욱 깊은 신뢰를 가지게 하라(행 14: 22).